U0503187

天津博物馆精品系列图集

编辑委员会

主　　任：陈　卓

副 主 任：李　凯　钱　玲

编　　委　（以姓氏笔画为序）：

　　　　　于　悦　邢　晋　刘　翔　刘　渤　李　凯

　　　　　陈　卓　张　玲　岳　宏　姚　旸　姜　南

　　　　　钱　玲　徐春苓　臧天杰

天津博物馆藏青铜器

学术顾问：朱凤瀚　陈　雍

本卷主编：张　旭　孟　婷

撰　　稿：孟　婷　李　君　李洪霞

摄　　影：刘士刚　靳　挺

天津博物馆精品系列图集

天津博物馆 编

天津博物馆藏青铜器

文物出版社

总序

◎ 陈卓

　　源于独特的历史文化及经济因素，天津素有深厚的文物集藏传统，晚清近代以来，这种传统更是发展到极致，境内收藏鉴赏名家云集，传世珍品名品荟萃，私人收藏极其丰富。天津博物馆作为一座大型历史艺术类综合性博物馆，根植于这片沃土，拥有涉及历史文献、青铜器、陶瓷器、金银器、玉器、书画、甲骨、砚台、邮票、玺印、钱币、民俗及民间艺术等多个门类的藏品近 20 万件，其发展历程既是公私收藏逐渐合流的过程，更是新中国成立以来文物博物馆事业在党和政府高度重视和持续不断地投入下快速发展的见证。

　　早在 20 世纪 50 年代，天津就在国内率先建立了专门性的艺术类博物馆——天津市艺术博物馆，其职责是搜集、整理、研究并展示中国历代艺术品和天津地方民间艺术。历史证明这是一个极富远见卓识的决策！经过近半个世纪不间断的勉力征集，天津市艺术博物馆构建起品类较齐全、体系较完整的中国历代艺术品收藏体系，其中的书法、绘画、瓷器、玉器、甲骨、玺印、敦煌文献、砚台等类别文物，以量多质精在国内外博物馆界享有盛誉。在这些精美的历代艺术品中，除利用历届政府所拨款项遴选、征集的外，还有相当一部分来自热心文物事业的社会各界人士的无私捐赠。其中周叔弢先生、张叔诚先生、徐世章先生等一大批爱国收藏家更是将毕生所藏慷慨捐赠给国家，他们的藏品不仅数量多、成系列，如周叔弢先生的三百余件敦煌文书、九百余方历代玺印，张叔诚先生的四百余件古代书画，徐世章先生的数百方砚台、玉器等等，而且品质极高，其中不乏屡见著录、流传有序的传世名品，这些文物精品大大提升了天津市艺术博物馆的藏品质量，奠定了天津市艺术博物馆在业界的重要地位。

　　2004 年，原天津市艺术博物馆和天津市历史博物馆合并组建成立天津博物馆，这是博物馆事业发展到 21 世纪时文物主管部门的又一个审时度势的重大举措。原艺术博物馆丰富的历代艺术品收藏与原历史博物馆大量反映中国近现代历史进程和社会变迁的文物、文献资料汇集在一起，馆藏文物更加丰富和全面，实现了优势互补、合力发展。藏品的极大丰富和收藏体系的进一步完善成为天津博物馆新时期快速发展的原动力，博物馆的性质明确为人文类综合性博物馆，历史与艺术并重成为其特质和新的起点。

　　2012 年，天津市政府投资 8.3 亿元建设的天津博物馆新馆落成开放。新馆位于文化中心区域内，展厅与库房面积与原馆舍相比大大增加，馆内设施设备更加先进，能够更好地满足新时期博物馆自身快速发展和服务社会的需要。

　　为了更好地履行博物馆公共职责，进一步服务公众，回馈社会，我们从馆藏的各类文物中选取精华编撰《天津博物馆文物精品系列图集》丛书，将丰富精美的收藏以及相关研究成果公之于众，让更多的人能够获取这些公共历史文化资源，推动更深入的研究，促进祖国优秀传统文化的传承和传播，不负国家对博物馆的期望和巨大投入。天津博物馆将以此为基点，逐步将丰富馆藏以系列公开出版物的形式陆续向公众开放，与陈列展览、社会教育共同构建具有博物馆特色的公共文化服务体系，提升博物馆服务社会的广度和深度。同时，更藉由图集的出版，深切缅怀那些为天津博物馆的发展做出巨大贡献的爱国收藏家们，并以此向他们化私为公、慷慨捐赠的高尚情操致敬！

2016 年 9 月

目录

天津博物馆藏青铜器概述　孟婷

天津博物馆藏西周青铜礼器综述　张旭

图版

001 爵　二里头文化时期

002 兽面纹鼎　商代中期

003 象祖辛鼎　商代晚期

004 兽面纹鼎　商代晚期

005 兽面纹鼎　商代晚期

006 父辛鼎　商代晚期

007 蝉纹鼎　商代晚期

008 蝉纹鼎　商代晚期

009 素鬲　商代晚期

010 百乳雷纹簋　商代晚期

011 申卣父戊簋　商代晚期

012 夔龙纹无耳簋　商代晚期

013 戈父己爵　商代晚期

014 戈父己爵　商代晚期

015 贮爵　商代晚期

016 子□爵　商代晚期

017 涡纹爵　商代晚期

018 弦纹斝　商代晚期

019 兽面纹斝　商代晚期

020 □父乙觚　商代晚期

021 蕉叶纹觚　商代晚期

022 兽面纹觚　商代晚期

023 父乙尊　商代晚期

024 兽面纹卣　商代晚期

025 楼父丙卣　商代晚期

026 涡纹罍　商代晚期

027 兽面纹彝　商代晚期

028 兽面纹盉　商代早期

029 妣铙　商代晚期

030 兽面纹铙　商代晚期

031 夔龙纹鼎　商末周初

032 涡纹鼎　商末周初

033 素鼎　西周早期

034 夔龙纹鼎　西周早期

035 兽面蕉叶纹鼎　西周早期

036 卿鼎　西周早期

037 兽面纹鼎　西周早期

038 车鼎　西周早期

039 史伏鼎　西周早期

040 太保鼎　西周早期

041 夔龙纹鼎　西周中期

042 克鼎　西周晚期

043 太师鼎　西周晚期

044 象足甗　西周早期

045 百乳雷纹簋　西周早期

046 无耳簋　西周早期

047 戈父丁簋　西周

048 乳钉纹无耳簋　西周早期

049 天簋　西周

050 集伙父癸簋　西周早期

051 豨伯簋　西周晚期

052 史颂簋盖　西周晚期

053 救簋盖　西周

054 波带纹盂　西周晚期

055 父己爵　西周中期

056 从乍（作）彝觚　西周早期

057 弦纹觯　西周中期

058 蕉叶纹觯　西周早期

059 乍（作）从彝尊　西周早期

060 伯尊　西周中期

061 嬴霝德壶　西周晚期

062 从乍（作）彝卣　西周早期

063 鸟纹附耳盘　西周中期

064 弦纹盘　西周晚期

065 夔纹禁　西周早期

066 窃曲纹龙柄匜　西周晚期

067 叔旅鱼父钟　西周晚期

068-071 逆钟　西周晚期

072 克钟　西周晚期

073 克镈　西周晚期

074 鳞纹鼎　春秋早期

075 芮太子伯鼎　春秋早期

076 郑子石鼎　春秋早期

077 兽面纹鬲　春秋早期

078 兽耳方座簋　春秋中晚期

079 夔龙纹钟　春秋早期

080 蟠螭纹钟　春秋中晚期

081 蟠螭纹钟　春秋中晚期

082 蟠螭纹鼎　战国早期

083 寿春麿鼎　战国晚期

084 楚王酓（熊）忎（悍）鼎　战国晚期

085 雷纹瓿　战国早期

086 羽翅纹簋　战国晚期

087 铸客簠　战国晚期

088 蟠螭纹簠　战国晚期

089 铸客豆　战国晚期

090 蟠螭纹豆　战国早期

091 几何纹豆　战国早期

092 几何纹壶　战国晚期

093 几何纹壶　战国晚期

094 蟠螭纹瓿　战国早期

095 铸客勺　战国晚期

096 铸客匜　战国晚期

天津博物馆藏青铜器概述

◎ 孟婷

铜是人类在自然界最早接触的金属之一，早在新石器时代人们就开始采集天然存在的红铜制作小刀和装饰品。目前发现的最早的用天然红铜直接打制而成的铜器，是在土耳其南部属新石器时代的恰约尼遗址发现的公元前8000～公元前7000年的铜别针和铜锥。在铜矿石中，氧化铜即孔雀石在全世界范围内存量较多，且容易取得，从很早以前人们就把它们采集起来穿成项链等作为装饰品。到了新石器时代晚期，人们终于发明了用孔雀石加木炭来冶炼还原出铜并用来铸造红铜器的技术。在中国，山西襄汾陶寺龙山文化遗址的墓葬中就出土了约为公元前2000年的冶铸红铜铃。但是红铜的硬度较低，不适合作为生产工具使用，人们此时的生产工具还是石器等。经过漫长的实践，人们逐渐掌握了铜加锡或其他金属元素熔炼为青铜合金的技术，青铜制品由此产生。

古代青铜是红铜和锡、铅等元素的合金，以此合金为原料铸造的器物，因其铸成后经空气氧化颜色呈青灰色而得名为青铜器。1975年甘肃东乡林家马家窑文化遗址（约公元前3000年左右）出土了一件青铜刀，这是目前在中国发现的最早的青铜器。中原地区发现的最早的青铜器是在河南登封龙山文化晚期遗址出土的一件青铜容器残片，大约在公元前1900年。这个时期属二里头文化时期，相当于文献记载的夏王朝时期与商前期后叶，青铜容器、兵器的铸造和使用标志着我国正式进入了青铜文明的时代。

青铜器按照用途分类可分为容器、乐器、兵器、车马器、工具和装饰品等等。青铜容器又可分为食器、酒器、水器等，食器包括鼎、鬲、甗、簋、豆、簠等用于烹饪和盛放食物的器皿，酒器则包括爵、斝、角、觚、觯、卣、罍、壶等用于盛储和饮酒使用的器具，水器则有盘、盂、匜等用于盥洗的用具。

青铜容器常被用作"礼器"，青铜礼器和当时的青铜乐器钟镈、钲等合称"礼乐器"。礼乐器被中国古代贵族应用于祭祀、宴飨、婚嫁、朝聘、盟会等各种礼仪活动，尤以用作祭器为主，藉以维系贵族等级制度与宗法制度血缘社会的基础，这是青铜礼器的重要内涵。中国古代青铜器的这种礼器功能与当时贵族阶层"国之大事，在祀与戎"（《左传·成公十二年》）的观念是相应的。同处于青铜文明时代的世界其他古文明在青铜器的使用方面更多的则是用于实用工具和武器，并没有礼制的含义。青铜礼器体现的早期中国文明的特征在世界上是独一无二的，青铜器不仅是国家政治物质化的象征，还是社会等级、地位的标志。

在中国青铜时代，随着铸造和装饰工艺不断的发展与人们审美意识的变化，各类青铜器的形制、纹饰及铭文都会随时间发生阶段性的变化，大致可分为几个发展阶段，即夏代（二里头文化时期）、商代前期（二里岗文化时期）、商代后期（殷墟文化时期）、西周时期、春秋时期、战国时期。以后直至秦汉时期，礼器与兵器仍较多使用青铜，但由于冶铁业与陶瓷工艺的迅速发展，青铜器的功用被大量生产的铁器与陶瓷器取代，慢慢退出了作为主角的物质文化舞台，逐步转向铜镜、带钩、铜佛像、铜炉等杂项器物类和陈设器类发展，青铜容器已较少见。

青铜器是天津博物馆的重要馆藏之一，数量众多，品类齐全，有几件重器还蜚声海内外。本书收录了天津博物馆收藏的从二里头文化时期到战国晚期的部分纹饰精美、造型各异、铭文独特的青铜器。天津博物馆收藏的青铜器主要来源大致有三种，一部分来自爱国收藏家的捐赠，有些则是20世纪六七十年代文物工作者在天津市电解铜厂的废旧杂铜中拣选而来，少部分为天津近郊重要遗址出土。

根据文献和考古发现，早在夏代，青铜器作为武器、手工业工具及生活用具就已经被较普遍使用了。在河南偃师二里头遗址发现了冶炼和铸造青铜器的作坊及数量相当的青铜酒器、食器、兵器、工具和乐器铃，其制作方式已经由锻造或单范铸造进入技术含量相当高的复合范铸造阶段，表明此时期青铜器的铸造技术已经进入较成熟的阶段，一般认为应当属于夏代晚期，即二里头文化遗址的青铜器主要出土于第三、第四期。虽然考古界和史学界对于二里头文化是否等同于夏王朝时期尚有争议，但多数学者相信二里头文化已经进入青铜时代的初级阶段。遗址中出土了仅有一件的鼎，最多也最有特色的是酒器爵和斝，器体轻薄，一般无纹饰，青铜鼎有简单的网格纹，个别爵、斝有乳钉纹、弦纹或圆饼形装饰。

天津博物馆收藏的青铜器中年代最早的一件是二里头文化时期的爵，这件器物造型古朴，与河南二里头遗址出土的爵形制相似，器体轻薄、平底、下承三尖足。爵的名称是宋代人所起，其形制在《说文解字》中有很形象的描绘："爵，礼器也，象雀之形，中有鬯酒。"旧以为爵是一种饮酒器，但此种器形有三足、长流且有双柱，并不便于饮酒。从考古出土情况看，有些爵的底部有烟熏的痕迹，所以中国现代考古事业奠基者之一的郭宝钧先生曾指出，爵是煮酒器，即温酒器。青铜爵造型独特奇巧，国外并没有类似造型的三足青铜酒器，是中国地域文化的象征。

天津博物馆收藏的这件爵是20世纪60年代天津的文物工作者在电解铜厂回收的废旧杂铜中拣选出来的。由于正值大炼钢铁的非常时期，国家对于铜、铁的需求较大，人们纷纷上缴能找到的家用铜、铁器回炉重新锻造，在这种形势下，

天津的电解铜厂收到了来自各地的各种废旧杂铜，其中就有很多被当成废铜回收的铜器类文物。天津市的文物工作者闻讯便前往电解铜厂进行文物拣选工作，抢救了一大批面临被投入熔炉的青铜器，其中不乏精品，包括此件二里头文化时期的爵、商代的青铜盉、西周夔纹禁的部分残块及一些有铭文的秦汉时期的量器等，另有大量金铜佛像及铜炉被保护了下来，后来都成为了天津博物馆的重要收藏品。

商代是青铜文化的蓬勃发展时期，这个时期的青铜器器型丰富，纹饰绚丽多彩，并开始出现了铭文。随着政治、经济的发展，青铜器的使用范围和类型、数量较夏代大大增加，以酒器、食器、水器、乐器为主体的青铜礼乐器体制基本建立。大型器物铸造普遍，铸造工艺也更加熟练复杂，纹饰由简趋繁，由粗变精，带有神秘色彩的兽面纹及龙纹成为主要的纹饰，鸟纹也开始成为青铜器纹饰的题材，云雷纹等几何形纹饰通常只是作为辅助性装饰。商代的青铜器发展可以分为商代前期和商代后期，前期的青铜器造型质朴简洁，如天津博物馆藏的商兽面纹封顶盉，造型上仍保留着些原始的特征，主体纹饰为兽面纹，单线条粗犷简洁，无地纹。

商代后期即殷墟文化时期，青铜器种类繁多，造型与纹饰的精美，堪称是中国青铜器发展的第一个高峰阶段。这一时期特别是妇好墓出土的青铜器大多造型诡谲神秘、变化多端，纹饰威严凝重，富丽繁缛。出现了以云雷纹作地纹，由兽面纹等主纹饰、主纹饰上突出的目纹等构成的所谓"三层花"，呈现出通体满花的装饰效果。天津博物馆藏的商代后期青铜器大多为传世器物，用于祭祀祖先神明的蝉纹鼎以及贮爵、兽面纹斝、蕉叶纹觚等酒器及兽面纹铙都是此时期的典型代表，纹饰细腻，造型也较商代前期更加夸张，艺术性增强，并且增加了更多的

礼器意味。此时的铭文也逐渐增多，大量器物上都有制器者的族名与受祭者的日名，多用于祭祀祖先，并且开始出现比较重要的记事内容。商代的青铜器蕴含着深厚粗犷的原始张力和视觉魅力，反映了殷商先民特有的宗教情感和审美观念。

周灭商之后，大规模分封同姓和异姓诸侯，封周公于鲁，封召公于燕，封康叔于卫，封太公于齐，建立了较商代版图史为广大的国家。并且"制礼作乐"，加强宗法等级制度，出现了用鼎制度，贵族的墓葬更加等级分明。因西周贵族借鉴商代亡国的教训，并且更加注重对祖先的祭祀，反对酗酒，所以用于祭祀的食器逐渐增多，至晚期还出现了簠、盨等新的食器，青铜器铭文也有了高度发展，长篇铭文大量出现，注重记述历史事件，这些铭文多可以与史书所记载的内容相互印证，起了证经补史的作用。西周时期的青铜器主要是在商代青铜器的基础上发展起来的，属于青铜器发展史上的整治时期，但在青铜器的造型、纹饰、铭文以及铸造工艺等方面，西周早、中、晚期的又具有不同的时代风格。西周早期的青铜器一方面继承了商代晚期的传统，同时在器类和造型设计上又有了新的改进，形成了自己的特色。西周中期以后青铜器器形与纹饰都发生了显著变化，商代后期夸张诡谲的装饰风格逐渐被简单粗放的新风格取代，呈现出一种朴实质朴的新面貌。

西周青铜器主要出土于陕西西安、宝鸡之间的周原地区和河南洛阳一带，在山西、北京、山东、甘肃、河北、湖北、辽宁、湖南、安徽、内蒙、四川等地也有一定数量的出土。

西周的青铜器在器类组合上更加注重礼制，形成了以食器鼎、簋组合的所谓用鼎制度。鼎在青铜器中是最重要也最具代表性的器物，鼎本来是古代的烹饪之器，用来烹煮肉食，并用于在祭祀时陈列牺牲，宴飨时盛放肉食的饪食器。许慎在《说

文解字》里说："鼎，三足两耳，和五味之宝器也。"簋是古代祭祀时一种盛黍、稷等谷物的器具，是青铜礼器的一种，与鼎相配用于宗庙祭祀和享宴，其数量多少也是使用者身份等级的标志。西周早期出现了带方座的造型，并且出现了西周特有的鸟纹装饰。据东周礼书与郑玄注等文献记载，天子用九鼎八簋，诸侯用七鼎六簋，大夫用五鼎四簋，士用三鼎二簋或一鼎一簋，这与考古发掘资料所揭示的实际制度有一定差距，但对了解用鼎制度仍具有重要的参考作用。用鼎制度的施行体现了封建制国家体制的增强，社会等级的森严。

天津博物馆所收藏的西周青铜器不仅数量多，而且有几件享誉海内外的重要器物，如西周太保鼎、西周夔纹禁以及克鼎、克钟、克镈等器。其中太保鼎是最负盛名的一件，此鼎出土于山东地区。据记载清咸丰年间（一说道光年间），山东寿张县梁山出土了七件青铜器，包括小臣犀尊、太保簋、大史友甗、太保鼎等器物，这些商周青铜器器型庄严厚重、纹饰华丽繁缛，是商周时期青铜器的典型代表，被誉为"梁山七器"。一时间，学者们纷纷研究著录，收藏家们争相收藏，成为清末民国初年金石学界的大事。目前藏于天津博物馆的太保鼎，是"梁山七器"中唯一一件收藏在国内博物馆的重器，堪称国之瑰宝。从器型上看，太保鼎属于西周早期偏早的青铜器，还保留着一些商代后期华丽繁复的装饰风格，器体也比较厚重，特别突出的是鼎的四足所附的圆盘，这在西周青铜鼎中是独一无二的，其纹饰狞厉诡谲，给人一种庄严威慑的形象。西周太保鼎自出土之日，就受到各地收藏家的青睐，先后被山东济宁钟氏、南海李山农、日照丁跋臣等人收藏。1917年，清光绪年进士，时任袁世凯政府国务卿的徐世昌在清史馆总编篡柯凤孙的介绍下，将太保鼎连同西周太师鼎、小

克鼎、克钟一并收入自己的瘦斋中，惊喜之余，特作《得鼎歌》，在这首七言诗中，徐世昌畅述得鼎过程，颂赞鼎之美好，并将它与世人皆知的毛公鼎、虢季子白盘相媲美，表达自己的珍爱之情。1958年徐世昌孙媳张秉慧将这些青铜器悉数捐献给国家，成为天津博物馆众多藏品中最有名的几件青铜器。

天津博物馆藏的西周夔纹禁出土于陕西省宝鸡地区，是西周早期贵族在祭祀、宴飨时摆放卣、尊等盛酒器皿的几案。关于此件禁的出现还有一段曲折的往事。1926年曾为古玩店学徒的陕西军阀党玉琨，组织人员在宝鸡斗鸡台戴家沟进行大规模的盗掘，挖出了大批珍贵的文物，其中就有这件夔纹禁。后来党玉琨在战乱中死去，他盗掘的这批文物落在了隶属国民革命军第二集团军的宋哲元手中。宋哲元将其中的一部分送给了冯玉祥，大部分则运回了北京、天津，有很多文物则被转卖到国外，这件夔纹禁则一直保存于宋哲元在天津的家中。抗日战争期间，日军占领天津英租界，并对宋哲元的公馆查抄，掠去很多财物，这件铜禁也在劫难逃，宋哲元三弟宋慧泉得知此事后多方打点才将这件铜禁及其它文物从日军手中赎回，并在家中尽心收藏保管。直到1968年，天津文物管理处在宋氏亲属家中，发现了被砸成几十块的铜禁碎块，文物工作者又在物资回收部门找到部分铜禁残块。1972年经过原中国历史博物馆高英、张兰惠等老专家们一年多的修整，此件铜禁才恢复了其昔日的风采。传世的西周铜禁仅见两件，此其一，另一件夔蝉纹铜禁系1901年与此夔纹禁同在宝鸡斗鸡台的一座西周墓葬里出土，现藏于美国纽约大都会博物馆。2012年6月陕西宝鸡石鼓山西周墓中又出土了一件铜禁，形制纹饰与这两件斗鸡台出土的铜禁相同。青铜禁出土甚少，十分罕见，极其珍贵。天津博物馆藏的这件西周夔纹禁是中国出土的铜禁中形体最大的一件，是研究中国青铜禁历史的珍贵实物资料。

天津博物馆收藏的青铜器还有一件从纹饰与铭文内容上看属于西周早期的卿鼎，口沿下方饰有所谓列旗纹，这种纹饰按照陈佩芬先生的说法应该属于西周早期所特有的，中期以后这种纹饰即消失不见了。

西周中期开始青铜器纹饰出现一种质朴无华，简洁明快的风格。布局以带状的二方连续花纹最多，连续式的构图代替了对称式构图，一些器耳、盖钮上还保有一些圆雕的动物形象。这个时期的青铜器较西周早期形体更大，造型也更加别致，此一时期流行对称的垂冠大鸟纹形象生动而华丽，此外还多见顾龙纹、窃曲纹，均有浓厚的时代风格。天津博物馆收藏的青铜器此时的代表是大鸟纹附耳盘，盘腹所饰的垂冠大鸟纹有着此时期的典型纹饰特征。

到了西周晚期，青铜器纹饰在构图上更加简洁疏朗，线条粗壮有力。这一时期大鸟纹消失，其他动物形纹饰也不甚发达。波纹、重环纹、瓦纹、鳞纹占了绝大优势，晚期纹饰比较单调，艺术价值已逐渐减弱。纹饰简化的同时，西周晚期的铭文字体则更加隽秀，结构匀称，笔道圆润，强劲有力，毛公鼎、虢季子白盘铭文是此时的典型代表。天津博物馆收藏的青铜器此时的代表是太师鼎，口沿下方饰有一圈连续规整的重环纹，器体硕大厚重，足部已开始向蹄形转变，铭文字体秀丽，具有鲜明的西周晚期风格。

西周中晚期青铜器的还有一个突出特点就是有了一套新的组合关系。一个人一次铸器往往钟成肆、鼎成序、簋成套、鬲成组、壶成双、豆成对、盘匜相伴存在。这些成套成组的青铜器在形制、花纹、大小和铭文上均相同，成序列的编钟和列鼎则是形制、花纹和铭文相同，大小递减。这种现象表明，这个时期贵族的生活风尚和礼制,与商末周初相比有了很大的变化,森严的礼制已经确立无疑。

天津博物馆收藏的一批克器也是西周晚期青铜器的典型代表。相传清光绪十六年(公元1890年),在陕西省扶风县法门寺任家村出土了一批西周晚期青铜器,计有大克鼎一件、小克鼎七件、克钟五枚,还有克盨等多件器物。天津博物馆藏有其中三件,分别为克镈、克钟、小克鼎。由于这些器物都是西周晚期一个名为克的贵族铸造的,所以这批器物被称为克器。这批克器造型精美,纹饰简练规整,属于典型的西周晚期风格,铭文内容丰富,是研究西周晚期政治制度及军事活动的重要史料。克镈在造型上亦颇有特色,周身的扉棱装饰绮丽繁缛,透露着庄严的气息。

这几件克器中克钟和克鼎是徐世昌孙媳张秉慧在1958年同太保鼎一起捐献给国家的,而这批克器中唯一的一件镈——克镈则是津门的大收藏家张叔诚先生捐赠的。张叔诚先生是中国近代著名的实业家,建国后就任天津文史研究馆馆员,并曾任天津市政协委员。张叔诚先生认为收藏文物应以珍藏和鉴赏为主,为赢利而收藏是不足取的。他悉心收藏历代名画、古代玉器、青铜器和成扇等文物,一生致力于文物收藏,擅于鉴别器物的真伪,发掘真品,家藏珍品甚多。此件克镈是光绪三十年(1904年)其祖父张翼购于北京琉璃厂,是研究周代政治、经济和铸铜工艺的重要文物。从1979年开始,张叔诚先生先后三次将精心珍藏的481件名贵古玩字画主动捐献给国家,其中就有这件闻名海内外的西周克镈。张先生曾经说过"文物由国家收藏才是永存的",他的无私捐赠受到了党和政府的高度评价和国内外收藏界的广泛关注和一致赞誉。

商周时期青铜器现存数量多且类型丰富,器体逐渐由早期的轻薄向厚重转变,造型优美奇特,青铜器纹饰则精细华丽、异彩纷呈,幻想类动物纹占据了主导地位,具有典型的民族文化特色。

春秋战国时期,周王室衰微,列国蜂起,形成诸侯争霸的局面。这种政治力量对比的失衡和诸侯各国经济文化的发达,直接影响到了青铜铸造业。列国青铜器增多,不仅大的诸侯国如晋、齐、秦等都有大规模铸造青铜器的能力,一些小的诸侯国如邾、曹等也有青铜铸造业,南方的楚国自春秋中期始迅速发展了自己独特的青铜铸造工艺,逐步形成了各具风格的地方性的青铜文化,新颖的器型、精巧富丽的装饰风格和卓越的范铸技术,反映了当时中国青铜器的新风貌。出现了新的青铜容器类,有敦、铺、鉴、缶、盆、乐器钲及镎于等。青铜器铭文内容也发生了很大变化,长篇铭文相对西周有所减少,永保福寿平安的内容占了绝大多数,如天津博物馆藏的春秋时期的芮太子伯鼎和郑子石鼎就是诸侯国铸器的典型代表,铭文均记述了贵族铸器永保子孙用享的内容。

春秋时期各诸侯国之间争霸,兼并战争频繁,列国为了加强自己的地位与力量,需要彼此结成政治上和军事上的同盟,结盟一方面要举行盟誓,一方面又要借助联姻,《左传·成公三十年》所载:"戮力同心,申之以盟誓,重之以婚姻。"此时各诸侯国之间的政治联姻大为发展,促使青铜礼器中为陪嫁女儿而制作的媵器大为增加,其中以盘、匜、鉴为最多。并且还要在铭文中表现有利于加强两国友好的语句,成为春秋时期青铜器铭文的一个显著的时代特点。

到了春秋晚期和战国早期,中国古代青铜文化的发展出现了第二次高峰。青铜器的造型独树一帜,新因素的出现例如莲鹤方壶将清新活泼和凝重神秘融为一体，动物形象更加夸张立体，蟠螭纹、蟠虺纹在此时逐渐成为流行纹饰的主体，并且反映现实生活的采桑、宴乐、狩猎及水陆攻战的图画形式的纹饰开始盛行。青铜铸造工艺灿烂辉煌，分铸法有了高度发展，失蜡法出现。到了春秋晚期以后，首先是金银镶嵌工艺有了很大发展。这是先在青铜器表面铸出凹下的花纹，然后将金银丝或片嵌入，用错石加以磨平，又称金银错。这种工艺技术不仅用于花纹，而且也用于铭文，尤其在南方吴、越、楚、宋等国的兵器上更为多见，也起到表面装饰的效果。其次为嵌红铜工艺，即将用红铜丝或片作成的花纹嵌在青铜器表面，然后加以错平。以上这两种工艺都是利用不同金属的不同色泽使青铜器表面的装饰花纹打破过去单一色彩的局限，而收到红黄白相间的绚丽的效果，显得十分富丽而华贵。此外还有线刻工艺，除铸造的青铜器外，还出现了用纯铜片捶打而成的薄胎铜器，如铜匜、铜缶、铜鉴及铜杯等，这些铜器上往往用刀刻出狩猎纹、宴乐纹和水陆攻战纹等，线条细如毫发，别开生面。

天津博物馆藏的楚王鼎等九件楚器是战国时期楚国的重要文物，楚人是华夏族南迁的一支，兴起于荆楚（今湖北）大地的楚部落，楚国于春秋时期兴起于南方，其国君为熊氏。战国时楚国都邑曾几经迁徙，公元前241年，楚考烈王为避秦国威胁，将都城迁至寿春（今安徽寿县）。经历考烈、幽、哀、负刍四王，公元前223年楚国被秦将王翦所灭。楚器的造型和铭文特色鲜明，水器壶、盘、匜等加入了礼器组合，以簠代替簋是楚器青铜组合异于中原的一个重要标志，春秋中期以后作为楚器典型器物的盏、浴缶已开始出现并参与了礼器组合，鼎的造型也从立耳向附耳、无盖向有盖发展。到了春秋

晚期敦的出现取代了盏，对于水器的重视是楚国青铜器有别于中国传统青铜礼器组合的一个重要特征。楚器的铭文则依据地方文字的特点形成了一套独特的写法。

天津博物馆收藏的九件楚器中有几件带有"铸客"铭文的器物，铸客应为他国客居于楚国的工匠之称。战国时期的青铜器往往都有这种刻在器表的记录工匠名、铸造作坊等内容的铭文，这是战国集权制下"物勒工名"制度的具体体现。楚王鼎是战国时期的楚幽王酓（熊）忎（悍）（公元前237—228年在位）铸造的，鼎上的铭文记载楚幽王为庆贺战事胜利用缴获的兵器铸成此鼎的过程并用于祭祀。关于这件楚王鼎的来历有两种说法，一说是1933年安徽大水，寿县朱家集李三孤堆楚王陵被大水冲开，一说是1923年夏，地方乡绅与盗墓者兼古董商勾结，在此地雇工盗墓，李三孤堆处古墓塚逐一被盗，前后盗掘出各类文物787件。大量珍贵的青铜礼器和美轮美奂的漆器被盗，一时惊动全国，各地报纸纷纷进行了报导，文物商贩纷纷云集，地方乡绅也加入强取豪夺。事后，国民党安徽省政府派出有关人员对事件进行了调查，并对盗掘出的文物进行了追缴，经过艰难的追缴工作，省政府共追缴到文物712件，但仍有一部分文物被倒卖。被追缴文物和被卖文物后分别由公家和私人收藏，公家有安徽省图书馆、寿县民众教育所、北平图书馆、中央古物保管委员会、齐鲁大学，解放后，这批青铜器大部分均入藏了安徽省博物馆。私人收藏有荣西白氏、天津李氏、南皮张氏等。天津博物馆所收藏的九件楚器：楚王鼎、豆、簠、勺、箫、匜等均为李氏宝楚斋私人所藏，解放后这批楚器由天津财产清理处移交本馆。这件收藏于天津的楚王鼎是这批楚器中形体较大、铭文较多的一件重要文物，被誉为"南北楚器之冠"，对战国时期青铜器

的研究有着极为重要的学术价值。

　　天津博物馆所藏的青铜器中有一部分是建国后天津文物考古工作者对天津郊区及周边地区的遗址进行发掘时出土的，其中大量文物出土在蓟县（现蓟州区）一带。收入本书的考古发掘的青铜器主要出土于蓟县刘家坟遗址和张家园遗址。1986年春，蓟县修筑邦均至善峰口公路时，在邦均镇东南方向一块俗称"刘家坟"的高台地上取土时，首次发现了以鼎和簋为组合的青铜礼器，铜器出土时，鼎放在了簋内。经过现场清理找到了残存的墓坑，确定了铜器出土于墓中。这一发现立即引起了有关方面的关注，考古队于当年春、秋两季和转年秋季先后三次开展了发掘工作，除又发现了一座青铜礼器墓外，还清理了马坑、房址、井和灰坑等遗迹。1987年5月，蓟县张家园村民在张家园遗址上挖坑种树时又发现了青铜礼器和金饰品，由此引发了对张家园遗址的第三次发掘。发掘中除又清理了三座这类铜器墓，还发掘了房址、窖穴和灰坑等遗迹。蓟县刘家坟和张家园两遗址先后发掘六座墓，出土的主要随葬品有：青铜礼器鼎、簋9件、金饰品3副，铜器上有"天"字等铭文。这些发现是天津青铜时代考古工作的重要收获。对于这批墓的年代和文化属性，尤其是对张家园墓地的年代和文化局性存在不同的认识：一种以韩嘉谷先生为代表主张张家园墓地年代应属商代，"主要年代在周人封建燕国以前"，将此遗址年代定为了商代晚期至西周之际，最晚不过西周初年；另一种观点是以陈雍先生为代表，认为这几座

青铜器墓的年代应该在西周初到西周中期，根据器形、组合和铭文应属于周人墓。从这几座墓葬的随葬品来看，墓主人应是当地的土著贵族，和中原地区应该有相互的交流，并发展出了具有地方特色的土著文化。

　　天津是中国近代史上重要的城市，有着深厚的文化底蕴与丰富的历史遗存，由于历史原因，近代重要的政治家和大收藏家晚年很多都在天津居住，并且为天津的文物事业做出了重要的贡献。在新中国成立后，爱国收藏家纷纷将其毕生收藏尽数捐献给国家，为国家建设添砖加瓦，天津的文物事业得以发展并成立了博物馆专门保存这些文物。这些爱国收藏家捐献的文物成为了天津博物馆首批藏品的主要来源，博物馆的藏品大量来自收藏家的捐献是天津文物收藏方面的一大特色。天津博物馆收藏的青铜器离不开爱国收藏家的慷慨捐赠，这是天津有别于河南、陕西等文物大省以出土文物为主要收藏品来源的重要特点。这些捐献的青铜文物虽然多没有明确的出土地点，但是其流传经历则是记载得比较详尽，可以追本溯源，这就使得馆藏很多青铜文物背后都有着一段传奇的故事。尤其以西周太保鼎、西周夔纹禁、西周克镈及战国楚王鼎等重器受到海内外收藏机构及藏家关注，它们造型精美，纹饰、铭文独特，具有极高的历史价值和艺术价值，代表着天津这座历史名城深刻的文化内涵。

天津博物馆藏西周青铜礼器综述

◎ 张旭

商周时期是中国青铜器发展史上波澜壮阔、灿烂辉煌的时期，古文献中称这一时期的青铜器为"金"或"吉金"，贵族们以青铜作鼎盛肉，作簋盛黍稷稻，作盘匜盛水，作爵尊盛酒，作钟镈享乐。用一批批吉金制品"以食以享""以蒸以尝"。吉金代表着身份地位，这种象征集中体现在礼器上。所谓礼器，是在贵族进行祭祀朝会等活动时举行礼仪活动所用器物，又称"彝器"。彝本常器，金文中"彝"字似双手捧鸡，有奉献之意，古人释为宗庙使用的宝器，因此礼器是源于祭祀而引伸出的祭祀所用的器物群，其主要用意是为维护礼制，是等级制度的体现和道具，是维护国家统治的重要工具。

见于著录的青铜礼器主要种类有食器、酒器、水器与乐器，断代分期标准是从器物形制、纹饰、铭文、铸造方法加以划分。从朝代上分夏、商、周、春秋、战国五大段。从青铜艺术史角度可分为滥觞期、勃古期、开放期、新式期、衰落期。具体细分夏商至汉整个青铜器发展史大约又可分为十三期，其中商西周春秋各为早中晚三期，战国两期，秦汉一期[1]。

西周是我国古代礼仪制度最完备时期，早在商末周王就开始对相应的礼乐制度作出改革，以增强现实政治的需要。《新唐书·历志》明确记载："至纣六祀，周文王初禴于毕。"《周礼·大宗伯》云"以禴夏享先王"。"禴"是以新菜祭祀先祖，商代以大量的牲畜和人牲祭祀，周文王则创立新的祭祀典礼，以最新鲜洁净的东西祭祀祖先，在礼仪上凸显自己的特色。这种改造，从周文王时期开始，持续不断，到周公"制礼作乐"，对礼乐制度进行全面改革，于西周中期形成了完善的礼乐制度。人无礼则不生，事无礼则不成，国家无礼则不宁，礼作为周人为政之精髓，是周人处世的根本行为准则，政治思想和理论道德都被规范其中，成为国家对于社会臣民控制的重要手段。《周礼》、《仪礼》、《礼记》等详尽记录保存了周礼的许多内容，孔子曾赞曰："郁郁乎文哉，吾从周。"在礼乐制度的制约下，青铜礼器的铸造又达到一个高峰。

西周的青铜器发现非常多，仅自清代道光年间至20世纪80年代末，在陕西地区发现西周铜器窖藏七十余起，出土青铜器近千余件，有很多著名的器物如盂鼎、毛公鼎、天亡簋等。1890年（一说1896年）陕西扶风县任家村出土铜器一百二十余件，为善夫克和仲义父器群。《贞松堂集古遗文》记载到"赵君尝为潘文勤公亲自至任村购诸器，言当时出土凡百二十余器，克鼎克钟及中义父鼎并在一窖之中，时光绪十六年矣。"[2] 这些器物见于著录的有克钟、克镈、大克鼎、小克鼎、师克盨、仲义父鼎等。这些器物分别藏在包括天津博物馆在内的国内外各大博物馆。

天津博物馆收藏有许多堪称国宝，驰名海内外的西周时期青铜礼器，这些器物多来自近百年来社会各界人士的竭力集藏、无私捐献以及文物博物馆界的勉力征集，品类齐全，流传有绪，从中可以体现出西周礼器的发展演变过程。关于西周青铜器的分期断代有多种，容庚《商周彝器通考》将收录的西周铜器区分为前后两期，陈梦家《西周铜器断代》将西周青铜器分为早、中、晚三期，郭宝钧《商周铜器群综合研究》依据考古发掘资料将西周铜器分为前后两期，朱凤瀚《古代中国青铜器》将西周青铜器分为五期。笔者依据陈梦家及马承源主编的《中国青铜器》的观点，将西周青铜器分三个时期，即从武王至昭王为西周早期，穆王至夷王为西周中期，厉王至幽王为西周晚期。以下依此分期对天津博物馆藏西周青铜礼器作一归类阐述

一、西周早期

任何一个朝代的艺术，都会有一个既要建立自己独特体制又不能不承袭前朝影响的时期，公元前 11 世纪至公元前 10 世纪近百年之内通常称其为西周早期，这一时期的青铜器与商末的青铜器有很多共同之处，可将其归类为一个艺术发展时期，也是中国青铜时代的第一个高峰期。

这个时期青铜器多承袭商末的形制，食器有鼎、簋、甗、鬲，酒器有爵、角、觚、斝、尊、卣、壶，水器有盘等。

形制上三足器如鼎形制多种，有圆鼎、方鼎、鬲鼎。早期的鼎多直立沿耳，微外侈，某些鼎耳中空，腹较浅，圆底外鼓，多留有铸造披缝。如车鼎 (图版 038) 腹部呈长方槽形，较浅，直口立耳方唇，器壁略倾斜，四隅有扉棱，柱足细长。口沿下饰相对龙纹。左右两侧和下部饰两列乳钉，中部平素无纹。这是西周早期方鼎基本式样。兽面纹鬲形鼎 (图版 037) 立耳方唇分裆，腹部饰雷纹为地的兽面纹，以三足为中心形成三组，纹饰为三层花装饰，线条粗犷。

这个时期偏晚鼎的造型出现的新变化为器腹开始下垂，如卿鼎 (图版 036)，直缘平唇，上有立耳，腹深底圆，腹最大径下移，柱足相对较细。西周早期圆鼎的造型皆为柱足，但不如商代粗壮。兽面纹鼎 (图版 035) 鼎口略呈圆三角形，方唇，平折沿，立耳略外侈，腹部稍下垂，底平阔，三柱足。足上端饰带扉棱的兽面纹，扉棱突出，具有很强的装饰性。其下有三道弦纹。耳腹足的比例恰当，整体形象和谐。此鼎与 1981 年 4 月陕西宝鸡纸坊头一号墓西周墓葬出土的带盖兽面纹圆鼎相似。

太保鼎 (图版 040) 是馆藏西周早期铜器的精品，它是清朝道光、咸丰年间山东省寿张县梁山出土七器之一，整体造型与现藏于美国纳尔逊美术馆的成王方鼎相似。方腹四足，

鼎口上有一对直耳，耳上浮雕双兽形装饰，鼎的腹部四面用圆雕、浮雕技法，装饰有变形的蕉叶纹和饕餮双兽纹。鼎的腹部四角有扉棱突起，尤为特殊的是，鼎的四个柱足较长，装饰有扉棱，而且鼎足的中部装饰有圆盘，风格独特。整个器物方圆结合，改变一般方鼎的平直与呆板，立体感强而富于变化。鼎腹内壁上清晰地铸有"大保铸"三字铭文，线条清晰流畅。商周古文字中"大"可读作"太"，"大保"也就是"太保"，因此这件鼎就被称作"太保鼎"。 梁山七器是召公世家所作，太保是周朝一种职官的称谓，其主要职责是辅助周王，根据《尚书》《史记》等史料记载，这件太保鼎应是西周成王时的重臣召公奭所铸。此外"史叔隋器"铸有"王姜史叔吏于大保……叔对大保休"，"乍册大方鼎"上铸有"皇天尹大保"铭文，"大保"都专指召公。

太保鼎纹饰优美，造型独特，铸造工艺精湛，花纹非当时一般方鼎所常具，属高级贵族所有，具有非凡的艺术魅力。"铸"字从鬲从火从皿，是"铸"字较早写法。其铸造年代不晚于周康王[3]。历史价值与艺术价值极高，是罕见的古代青铜艺术瑰宝。

铜簋多沿袭商制，圆腹，腹壁曲线多直壁或略鼓，变化不大。无耳簋有口缘外折，腹深壁斜，底部圆收，如乳钉雷纹无耳簋 (图版 048)，以斜方格雷纹为地，乳钉呈圆锥状，高凸醒目；戈父丁簋 (图版 047) 乳钉表面圆钝，微凸器表，这两种斜方格长乳钉纹具有西周早期特点，这种纹饰的簋在康王以后逐渐被淘汰。

集众父癸簋 (图版 050) 侈口鼓腹，兽首双耳，下有长方珥，这种长方形珥主要流行在周初。圈足较高，下缘加一宽阔的边条，以增加高度。口沿下饰鸟纹，腹部饰兽面纹，圈足饰

夔龙纹。素面无耳簋（图版046）腹部外鼓与口径相近，圈足较高。这两种簋都是商末周初流行的式样。

"天"簋（图版049）与兽面纹鼎同出土于天津蓟县张家园遗址。敞口、束颈，龙首双鋬耳，耳下有垂珥，呈钩形状，这种钩形状垂珥从商末一直流行至西周昭王、穆王时期，鼓腹圈足，颈部和圈足饰夔龙纹，颈部前后有兽首突出；腹部饰外卷角型兽面纹两组，无地纹，器底铸有"天"字铭文，器形为典型的商末周初式样。"天"字被认为是商式的族氏铭文，铸此铭文的铜器有明确出土地点的，多在陕西和山西北部。20世纪70年代初，北京房山琉璃河遗址被认定为周初燕都和燕国墓地所在，蓟县地区发现的此类遗存，表明在西周初期周人和燕山地区已建立了紧密联系，出土器物也为天津的历史发展提供了实物资料。但同墓出的金耳环有鲜明的草原民族风格，"由于燕山山地地远而人稀，桑田以外，兼事畜牧，接近草原部落的生活作风。"[4] 这类金饰物鲜见于中原地区，属燕山地区土著文化，带有商代遗风。从青铜器物分析，琉璃河燕国墓地出土铜器的使用者，"很多都是商代贵族的后世"[5]。根据张懋镕先生的研究，姬姓周人不用日名和族徽。凡是铜器中有日名和族徽的器物"大多可判定为殷人或殷遗民的器物"[6]。而兽面纹和夔龙纹是殷商礼器普遍流行的。这件器物从器形、纹饰、铭文等都呈现出殷商文化的典型特征，据此分析张家园墓主人应为殷商的遗民。

这个时期出现的新造型器物是方座簋和高圈足簋，方座簋是禁与簋的合体，从出土情况看，高圈足簋多为西周早期器物。

青铜甗商代早期已有铸造，商末周初数量很多，是绝大多数墓葬中的必有之器，和鼎、簋、豆、盘等组成一套食器。

西周时期甗承袭商制而略有变化，弦纹象足甗（图版044）造型特点呈西周初期风格，口沿外侈，上有双耳俏立，甑大口深腹，向下内敛，口沿下仅饰凸弦纹三道，器表有三条铸缝，由器口向下直至三足，为两范相接的范线。鬲深腹，较为高挑，分裆款足，足端呈近似蹄足的柱状，分裆上浮雕简化的兽面纹。整个器物纹饰简洁明快，与商末纹饰布满器身的风格大相径庭。

尊没有自名器，尊彝是商周青铜礼器的统称，命名始于《宣和博古图》的分类，一直沿用至今。容庚《殷周青铜器通论》称尊为一种大口有圈足的盛酒器。从出土发掘看，这种器物在商代早期出现，与觚、爵、斝等组合共出，殷墟一至四期较大型墓葬酒器组合中多有尊出现，表明其在礼器中的重要地位。从殷墟四期始，尊也出现在一些小型墓葬中。二里冈至殷墟四期其造型由大口折肩向粗体觚形尊发展，从考古发掘资料看，商代至西周中期尊很流行，作从彝尊（图版060）即为这一时期代表。此外方形圆口尊这一特殊器形也出现在西周早期。

夔纹铜禁（图版065）是天津博物馆的镇馆之宝，它是20世纪百年间，存世的西周铜禁中体形最大的一件。器物中空无底，顶面四周和四个侧面，均饰有一角一足卷尾的夔龙纹，顶面上有三个突起的椭圆形子口，用来放置青铜礼器。台湾中央研究院历史语言研究所提供的夔纹禁旧影照片上显示禁上面摆放着尊、卣、觚、斝、爵、觯、簋、戈、斗等十余件铜器，种类繁多，杂乱无章，显然不是出土时的原状，而是在拍摄时随意摆放的[7]。至于当时究竟摆放何种器物，众说纷纭，因同出器物流散，现已无法确定。笔者推测应摆放尊、卣等带圆圈足的酒器。这件器物为军阀党玉琨于1926年在陕西宝鸡戴家湾盗掘。1968年，天津文物管理处专家发现时已被砸成几十块，不久文物工作者在物资回收部门又找到部分遗失的铜禁碎块。1972年5月送到北京中国历史博物馆进行修复。西周铜禁又完好如初地展现它的风采。

《礼记·礼器》载："天子诸侯之尊废禁，大夫士棜禁。"郑玄注："棜，斯禁也。谓之棜者，无足有似棜。大夫用斯禁，士用棜禁，如今方案，隋长局句，高三寸。"棜，释为承樽器，如案，无足。孔颖达疏云："棜长四尺，广二尺四寸，深五寸，无足，赤中，画青云气菱苕华为饰。《郊特牲馈食》注：如今大木舉。"《仪礼·特牲馈食》郑玄注："棜之制如今大木舉，上有四周，下无足。"

从古人记载可以看出，禁有两种形状，一形如方案，椭长有足为禁；一形如车舆无足为棜，亦称斯禁。天津博物馆藏此件器物应称为"棜"。

东汉郑玄在为《仪礼·士冠礼》作注时说："禁，承尊之器也，名之为禁者，因为酒戒也。"所以，这种器物被认为具有警戒饮酒的作用，并直接和周初的戒酒以及《尚书·酒诰》的内容联系在一起。"棜"、"禁"本来是承放酒器的，却又被认为具有警戒饮酒的作用，这之间有很大矛盾。在西周早期的青铜礼器中，酒器的种类和数量很多。卣和尊是周初最主要的酒器，制作非常精美华丽，如藏于美国波士顿博物馆的凤鸟纹卣，其它的酒器如爵、觥、罍、觯等也很多；西周中期，还出现一种中段很细而不鼓出的瓠；西周晚期，出现了长颈方壶。因此酒器始终是西周青铜礼器中的一个大类。《仪礼》中《乡饮酒礼》、《燕礼》等记载宴饮中关于饮酒的礼仪很详细，表明饮酒不限于祭祀。《诗经》中的《雅》、《颂》部分也描写了饮酒的情景，因此对"棜"、"禁"这类器物，应从变革礼乐制度的角度去考虑，它们是礼器，是礼乐制度改革出现的新器形，它们的出现不是为了禁酒，而是将饮酒行为纳入到礼的制度中，以礼规范饮酒，达到德治教化的目的。

商周时代，青铜礼器是权力和地位的象征，只有贵族才能享用，青铜禁虽到春秋战国仍有使用，但在考古发掘中与其它礼器相比较为罕见。笔者认为有两个原因。一是商周时期"国之大事，在祀与戎"。《左传·成公十三年》及《礼记·祭统》记载："礼有五经，莫重于祭。"祭祀是礼制中最重要的一种。很多青铜礼器多用于祭祀。然《礼记·礼器》载："有以下为贵者，至敬不坛，扫地而祭，天子诸侯之尊废禁，大夫士棜禁，此以下为贵也"。为表示对大地的尊敬，祭祀时不堆土筑坛，天子诸侯将酒樽器直接放在地上，士大夫将酒器放在无腿的禁上。也就是说在祭祀时，天子诸侯不用禁，仅大夫、士阶层使用，因此作为礼器的青铜禁可能制作较少；从使用功能和考古学观察，禁是一种器座，可归属于古代家具中的几案类，几，多为长方形，平面可做它用。《释名》曰："几，庪也，所以庪物者也。音轨，其意则格。"格即放物的台架，几既可在祭祀及日常生活中当桌案使用，又用作存放东西的架子。直至汉代人们摆放器具的家具仍以几案为主。而禁的功能仅用于摆放有圈足或无圈足类的酒器，这种家具除祭祀外生活中使用不多，因此较为少见。但它在中国古代家具史上具有重要意义，不仅为古代家具的研究提供了实物资料，也标志着家具作为礼器开始走上礼仪文化之路。

禁这种器物究竟是周人的独创或是源于前朝？一直是学术界争议的问题，1976年在河南安阳小屯五号墓出土的妇好三联甗，为长方体器形，面上突起三个喇叭状圈口来放置甑器，腹腔中空，平底，下有六条扁形矮足，架面饰蟠龙纹三组，分绕三个圈口。从器形、主题纹饰来看与天津博物馆藏夔纹禁有很多相似之处，尽管二者用途不同。值得注意的是在安阳殷墟孝民屯发现的铸铜遗址出土一批陶范，其中有几块直棱龙纹方形器的陶范，其形状、纹饰与西周早期青铜方禁相似，这对研究铜禁的起源具有非常重要的意义[8]。笔者认为根据考古发现在商代中后期关中地区已出现殷商式样的青铜器，并且有可能是在当地制造，因此禁的出现应是受到商代铜器的影响，很多因素应来自于殷商，或许是殷商的工匠由于某种原因以先进的铸造工艺为周人服务的产物。

2012年6月，陕西省宝鸡市石鼓山经过科学发掘的西周墓，出土的青铜器器类繁多，造型精美，为世人瞩目。其中3号墓所出的铜"禁"，其上摆设的彝、卣等器物，井然有序，这是首次考古发掘出土的铜禁，弥补了早年出土的铜禁不是科学考古发掘的缺陷。禁上所放置的酒器，清楚地展示了禁和其它器物的组合方式，对了解铜禁所置器物和用途提供了具有重要考古价值的实物资料。被列为2010年度全国十大考古新发现之一的山西临汾市翼城县大河口西周霸国墓地出土的镶嵌蚌饰漆木禁也为禁的研究提供了新的实物资料。

西周早期器物的纹饰呈对称分布，采用平雕与浮雕的手法，形成主次效果。布局有两种，一种是通体布满繁缛纹饰，如兽面纹鼎、集众父癸簋；另一种是带状装饰，仅在器颈或腹部饰一周纹饰。纹饰内容以兽面纹为主，略有变化。商代那种常见的极端怪异的纹样，在周初的青铜器上始终未见，表明周人法礼尊祖，敬鬼神而远之的思想意识。如卿鼎（图版036）上呈带状分布的兽面纹。整个躯体近似云雷纹组成，三行排列，中间一行为兽面纹，脊梁之上一列近似刀状形羽饰纹样（亦称列旗纹），下行饰兽足，这种纹样流行于商末周初，

此后不见，应是图案化的兽面纹；兽面纹鼎口沿下一周饕餮纹带，云雷纹衬地，腹下部饰蕉叶纹一周，叶内装饰对称的竖夔龙纹，头向上尾部相连，如浮雕般突出于器表，线条粗犷有力，立体感较强。

馆藏西周早期青铜器的铭文字数不多，仍沿袭商末的风格，清秀俊美，结构严谨，笔道首尾出锋，波磔明显，如太保鼎，文字遒劲中带华丽，行气自由，显得雄峻恣肆。

西周早期青铜礼器对商的因袭继承是非常明确的。商周文化起源不同，发展过程中具有各自的特色，同时又相互影响。尽管这一时期出现了形制独具特色的太保鼎、夔纹禁、高足簋等，造型张扬，呈现出一种新的时代风格，但总体都是在殷商铜器的基础上进行局部改进，将原有器形加高加大或将某一部位增大增宽以显夸饰，这也充分体现出西周初期对中原商文化的接纳与推崇。

二、西周中期

这个时期随着礼乐制度的不断完善，人们的意识形态发生巨大变化，反映在青铜器上是其组合的独特风格开始树立，用鼎制度形成，反映了礼制的加强，"重食"组合取代"重酒"组合，彻底完成了从"神器"到"人器"的变革。反映出商周两代不同的统治思想。这个时期的青铜器在器型、纹饰、铭文字体方面，开始摆脱殷商的作风，向形成自身风格发展。

早期流行的方形鼎、方座簋在这一时期开始衰落，很多器物形体向宽矮发展，蹄足，下腹向外倾垂更甚，这种风格被发展到极点。如夔龙纹鼎（图版034），立耳、折沿，垂腹体宽，底近平，口沿下饰顾龙纹一周，这种龙纹盛行于西周中期。此鼎与上海博物馆藏周共王十五年的趩曹鼎相似，为西周中期之初鼎的典型式样。

食器中盂出现于商末，流行于西周，波曲纹盂（图版054）侈口直腹，口沿下前后各有一兽首，斜圈足下边线宽阔。腹部饰波曲纹，颈和圈足饰窃曲纹，无地纹。特别是两个附耳高出器口，为西周中期典型式样。

这一时期酒器逐渐减少，角、觚、斝、瓿已退出历史舞台，觯、觥也基本绝迹，爵、尊发展到最晚形态。伯尊（图版059）形体宽矮，垂腹，束颈，侈口，圈足上饰三道粗弦纹。尊体中间呈带状饰花冠顾龙纹，疏朗简洁，中间置兽首。整体造型与陕西扶风庄白村西周窖藏出土的丰尊相似。

铜爵作为温酒器或饮器，是商周青铜礼器中最常见和最基本的礼器，《宣和博古图》卷十四归纳其作用和地位为："盖爵于饮器为特小，然主饮必自爵始，故曰在礼实大。爵于彝器是为至微，然而礼天地、交鬼神、和宾客以及冠、昏、丧、祭、朝聘、乡射，无所不用，则其为设施也至广矣。"此外铜爵还是"明贵贱、辨等列"的标尺 [9]。商代晚期铜爵处于兴盛时期，殷墟妇好墓曾出土4.4公斤的爵。西周成王时期出于变革"殷礼"的需要及《酒诰》的颁布，严禁酗酒，作为重要礼器的爵与殷商相比虽数量急剧减少，但仍是酒器中的大类，《礼记·礼器》载"尊者献以爵，卑者献以散。"父己爵（图版055）是这个时期的代表作，爵宽流尖尾，流口厚而高，腹略倾垂，饰带状鸟纹，三足呈佩刀形，符合商末铜爵特征，兼有西周早中期风格。

除垂腹外，这一时期铜爵的两柱多后移，靠近中央。爵柱起源于新石器时代晚期的龙山文化二期出土的陶"盉形器"管状流与口交界处凸起的鸡冠形装饰，二里头文化时期这种鸡冠饰演变为泥钉状凸起，此时铜爵已出现，仿同时期陶器，殷商早期爵柱随铜爵形制的变化而逐渐增高、增大，柱顶带帽，饰有涡纹，有单柱爵与双柱爵。单柱爵晚于双柱爵，是商代

特有的一种青铜礼器，郑州商城、小屯殷墟、辉县琉璃阁等有出土，其它出土遗址多为商文化遗存或受商文化影响较深的土著文化遗存。双柱爵从商代早期一直沿用至西周。

盘为承水器。商周时期宴飨时，宴前饭后要行沃盥之礼，《礼记·内则》记："进盥，少者奉盘，长者奉水，请沃盥，盥卒授巾。"沃盥时盘匜（或盂）配合使用，以匜（或盂）浇水于手，以盘承接弃水，盘、匜有规定的放置地点，主人客人均在一定的礼节中进行沃盥。战国以后，沃盥之礼渐废，盘也被"洗"取而代之。鸟纹附耳盘（图版063）整个器形与西周著名的史墙盘、散氏盘相似，附耳接于腹中部，上端高出口沿，圈足高而外撇，这是西周盘的典型特征。

这一时期铭文以规整粗犷为主流，笔道粗细一致，线条化特征明显，布局宽松，有的虽运笔舒展，但字体拘谨，布局散漫。

西周中期青铜礼器最显著的特点是，随着人们审美观念的更新，早期的一些纹饰不再出现，纹饰布局开始变化，由对称布局变为较自由、连续的纹饰带形式，纹饰由繁缛趋向简素。动物纹样的进一步简化产生了抽象的变形，如窃曲纹、瓦纹、波曲纹、重环纹、鳞纹等。图案呈有规律的排列，整齐美观，富有节奏感。这种图案增强了整体纹饰抽象化与几何图形化的美感，使殷商动物图案的色彩减弱，这也是西周纹饰走向规范化、条理化的一个表现。如馆藏波曲纹盂上的波带纹，这种纹饰早在周原扶风庄白一号窖藏出土的懿王三年铜壶中就已出现，盛行于西周晚期至春秋早期，多饰于器腹作主纹饰。它以起伏很大的曲带为主，波峰内有对称的变形兽纹或几何形纹饰与之配合，是一种变形的动物纹。波曲条纹成凸起或凹陷的浅槽型，既可作为具体纹饰，也可作为

装饰的基本结构，整个图形具有一种连贯而丰富的宏大气势。充分体现出古人如黄河波涛般的磅礴气势。宽大流畅的线条，使器物增强了器宇轩昂的造型效果，彻底改变商末周初兽面纹神秘繁缛的风格，进入纹样转变新时期，其意义深远，在青铜器纹饰发展史上堪称是一次巨大的转变。

三、西周晚期

西周晚期青铜器种类和样式减少，造型花纹比较实用，简朴淡雅。礼乐器主要有鼎、簋、盨、簠、壶、盘、匜、钟、镈等。

馆藏西周晚期青铜食器的代表作为小克鼎（图042），小克鼎又名膳夫克鼎，为西周克器组合中的一只。鼎为圆形立耳，方唇宽沿，腹壁厚实，略鼓，腹内底有与足相对的三个凹穴，兽蹄足，为西周中晚期典型鼎式之一。耳外侧饰躯体交缠的龙纹，口沿下饰变形兽体卷曲纹，间隔六道短扉棱，腹部饰波带纹，三足根部饰有凸出的兽首纹。纹饰疏朗畅达，整体造型雄浑、稳重，体现出一种威严。

小克鼎的主人克曾担任过周王室的重要职务膳夫，有出传王命，入达下情的权力。正是由于克的祖父师华父辅佐周王室管理国家建立功勋，克才有此殊荣。为不忘周天子对自己的恩赐，不忘记祖父对家族的荫庇，遂铸鼎以为纪念。

小克鼎与现藏于上海博物馆的大克鼎同出，大克鼎铸铭文290字为克纪念其祖父师华父及周天子对自己的任用和赏赐而铸，小克鼎铸铭文72字，记述周王命善夫克指挥成周八师，为宣扬周天子美意和祈求自己子孙康顺福佑，永远保持荣誉而铸。小克鼎总共七件，形状纹饰铭文相同，大小不同，现分别藏于故宫博物院、天津博物馆、上海博物馆、南京大学考古与艺术博物馆、日本书道博物馆、日本黑川文化研究所、美国芝加哥美术馆。

《周礼·天官》记载："亨人掌共鼎镬已给水火之齐"郑玄注曰："镬，所以烹肉及鱼腊之器，既熟乃脀于鼎，齐多少之量。"一般的鼎多高一尺左右，难容牲体，故一般的鼎皆是用来盛放由大型鼎镬熟之肉。由此推测大克鼎可能用以烹肉为镬鼎，小克鼎盛肉为升鼎。升鼎位于祭祀仪式的中心而称为正鼎，是身份地位的标志；保持原始功能的镬鼎则为陪鼎。

小克鼎的铭文为一篇完整的"册命"，册命制度创立于西周早期，中期形成了固定的典礼仪式，成为一定的礼制。铭文为记载王命。册命铭文的格式主要包括册命的时间、地点、内容及受命者记述因此为祖考作祭器并附祈寿祈福的吉语。册命内容多为王的册命与赏赐。小克鼎铭文内容则是王命其大史舍命于成周。

鼎，从陶器发展而来，作为烹煮的食器，后逐渐摆脱原始的使用功能而被刻意赋予礼仪的色彩，在周人信仰中鼎可与天帝祖灵相通，德高可承天佑，为吉祥之兆。正是由于鼎具有"协于上下，以承天休"的职能，在周代的礼乐制度中，占有核心位置，冠、昏、丧、祭、乡、射、朝、聘等八礼都以鼎备飨食，鼎不仅是礼乐器的代表，更是标示身份等级的象征。大、小克鼎表明了这种器物在先秦时期特殊重要的地位。同时也证明西周中期末或晚期初，作为西周礼制改革的重要重要组成部分，严格规范的用鼎制度已经形成。

西周晚期鼎的式样有两种，一种是沿用中期垂腹鼎，但数量减少；一种是腹部近似半球形，直口立耳，兽蹄形足，足内有槽，纹饰简单，仅一圈鳞纹和弦纹，呈带状，整体造型和谐，轮廓优美，表现出单纯朴素之美，如太师鼎（图版043），从形制上看，与著名的毛公鼎相近，这类球腹蹄足鼎"在西周鼎形器中出现最晚，为西周晚期最常见的型式"[10]。毛公鼎是周宣王时的标准器，发展较快，是西周晚期最具时代特征的器形。

这一时期簋的形式较单一，莓伯簋（图版051）未见著录，弇口鼓腹，圈足下承三扁足，腹两侧兽首双耳并有垂珥，既增加了整器的宽度，又显示出庄重宏伟，口沿下饰重环纹，腹饰平行的瓦纹。台北故宫博物院藏遹簋证明周穆王时期已出现有平行瓦纹的弇口双耳簋，这种瓦纹很有时代风格，它改变了西周初期繁缛的纹样设计，简省了不少纹饰，呈现出新意，是西周纹饰风格崇尚素朴的信号，这种纹样流行于西周晚期，一直沿用至春秋并成为时尚且多施于簋形器上。此种式样的簋产生于西周中期末端，正是周人礼制成熟时期，直至春秋，非常盛行。器底铭文"莓白（伯）乍（作）井姬宝簋，子子孙孙用"，"井姬"之名曾出现于陕西宝鸡茹家庄2号墓出土的青铜鼎上[11]，铭文中的"莓"字在西周金文中首见，因此这件器物具有重要的学术价值。

史颂组铜器，是西周晚期铜器的代表。其铭文《殷周金文集成》皆有收录，器形有鼎、簋、盘、匜等。铭文字数不一，书体规整秀美，个别字的结构彼此稍有差别。郭沫若《两周金文大系图录考释》、陈梦家《西周铜器断代》对此多有详细的考释。天津博物馆藏有一件史颂簋的器盖（图版052），簋在西周中期后开始多有盖，"盖可以仰置，进饮食时从簋中取黍稷置盖内以就食。"[12]史颂簋盖的形制和纹饰表明其具有西周晚期的典型特征：盖缘均饰一周窃曲纹，盖顶捉手内有卷屈鸟纹，盖面饰瓦纹。内铸6行60字铭文，记录史颂受王命省视苏国并受到赏赐。

铭文的大意是：周王在位第三年的五月丁巳口，王在成周（今洛阳）命史官颂省视苏国，恤问那里的里君、百姓，并聚教其类丑（奴婢）。得到苏国赠予的玉璋、马四匹和吉金，于是制作了青铜礼器。颂万分感念周王的恩宠，子子孙孙永远纪念。

故宫博物院及山东博物馆藏有颂簋，内铸铭文150字，"唯三年五月既死霸甲戌，王在周康邵宫……子子孙孙永宝用"。铭文大意为：周王册命颂管理宫殿事物，监督新造，积贮货物，以为宫御之用。周王赏赐颂玄衣、赤市等物品。颂接受命册，并向周王献纳瑾璋。两篇铭文比较完整地反映了西周王室策命官员的制度，对研究西周礼仪和名物制度有重要的历史价值。从时间上分析，二器应不是同时铸造，从官职上看颂簋中的颂尚未任职史官，而记颂已任史官的史颂簋盖铸造年代应晚于颂簋。

这个时期方座簋仍有出现，基本形制与西周中期相同，代表器物为陕西宝鸡青铜博物馆藏趠簋，侈口束颈，宽腹，腹两侧有一对兽首耳，兽耳耸立出器口，圈足下连铸方座。这种形制的簋延续至春秋。如馆藏兽耳方座簋（图版078）造型浑厚雄伟，双耳饰透雕状兽首，口沿下饰窃曲纹，圈足饰重环纹，器腹和方座饰波曲纹，纹饰层次分明，与宋《考古图》著录的牧簋相似，是一件春秋中晚期的典型器。

方座簋是西周青铜器的大类，是西周最早出现的新器形。始见于陕西宝鸡林家村先周墓，流行于西周早期，如有名的利簋、天亡簋等，是西周重食器文化的体现。使用者身份显贵，"方座簋和高等级的礼器组合使用，出土于高等级的墓葬中，是级别较高的礼器。"[13]方座簋是簋与方座的连体，有学者认为它的出现是为提高高度，以适应席地坐的需要并增加器物的稳定性。然笔者认为我国跽坐（席地坐）方式到唐末五代才彻底改变，而方座簋西周中期开始衰落，周末春秋已较为少见，战国时期逐渐消失了。而从商周青铜器发展史看，圈足随时代推移逐渐增高。西周时期这一现象更加明显，且西周初期方形器非常流行，因此方座簋的出现应是周人在社会大变革时期出于自身的思想审美意识而对商代器物的一种改变，增加方座或在圈足下又拼接出一段做成象鼻形的短足衬托，还有的将四耳延伸成四足，将簋体悬起（如首都博物馆藏班簋），有的在圈足上再加上三个较高的支足，还出现四耳簋、附耳簋等，使器物增加意趣，显得更加雄伟高昂，体现出一种奢华豪放的色彩，以满足当时人们的审美需求，从而表现出一种新的社会观念。西周中期以后，用鼎制度通行，特别强调器物的统一性和规整性，如莓伯簋式样的铜簋开始流行，方座簋相对来说实用性不强且浪费材料，春秋战国虽有少量出现，如铜禁一样，最终消失。

晚期酒器中爵、斝、觚、觯、卣等完全消失，与生活相关实用且造型简练的壶成为酒器中的主要容器。嬴霝德壶（图版061）长颈鼓腹，圈足有宽边，器腹以平素宽带构成田字形网格，网格线上分布着方锥形乳钉，盖颈分别饰花冠凤纹，圈足饰斜角式目纹。圈足状器盖，"倒之可做杯用"[14]，这种形制的壶始见于西周中期，流行于西周晚期至春秋初。《仪礼·燕礼》记载："司官尊于东楹之西，两方壶，左玄酒……"注："尊方壶，为卿大夫士也。"方壶应是大夫级以上贵族使用的酒器。

古人对凤鸟的信仰可追溯到很早，《诗经·商颂·玄鸟》就有"天命玄鸟，降而生商"之语。鸟纹是商周青铜器常见的纹饰，早期多为辅助纹饰，作为主题纹饰出现在商末周初。凤是带有华丽羽饰和冠的神鸟，《国语·周语》云"周之兴也，鸑鷟鸣于岐山。"《诗经·大雅》曰"凤凰于飞，翙翙其羽，亦傅于天。"说明周人视凤鸟为通天的神物，带有吉祥寓意。西周中期凤鸟纹作为主题纹饰非常流行，史称凤纹时代，象征

着西周独特的纹饰艺术建立。西周晚期鸟纹衰落，直至春秋晚期再度兴起。嬴霝德壶所饰鸟纹短身，长卷尾，尾羽两端尖状伸出，带有窃曲纹特点，羽冠作岐冠式下后垂，回首，喙呈钩状。这种鸟纹多见于西周晚期，饰于器物颈部和口沿上。

水器中的匜是西周晚期至战国流行的器物，取代了盉，与盘组合。《左传》僖公二十三年记怀嬴"奉匜沃盥"。考古发掘出土的匜往往置于盘中，这与《仪礼·既夕礼》所载"盘匜，匜实于盘中"相同。窃曲纹龙柄匜（图版064）长槽型流，深腹圆底，下承四兽足，后有龙形鋬，口下饰窃曲纹，腹饰瓦纹。器物与1974年山西闻喜上郭村出土的荀侯匜相似。

乐器是商周礼器中重要的一类，西周礼乐制度中礼为规范，乐为教化，互为表里，周礼之乐与政相通。钟为古代宫廷乐器之重，每逢征战、宴享、朝聘、祭祀，都要演奏编钟，故"堂下之乐，以钟为重"，"八音之中，金石为先。"八音是指古代乐器的材质，有金、石、土、革、丝、木、匏、竹。"金"是指用青铜铸造的乐器，主要是钟，有甬钟、钮钟、镈钟之分。钟是西周礼乐制度的重要载体，与鼎一样成为帝王权力的象征，其等级制度很鲜明。《周礼·小胥》"正乐悬之位：王宫悬，诸侯轩悬，卿大夫判悬，士特悬。"即天子使用的乐钟四面排列，诸侯三面排列，大夫两面排列，士一面排列。

青铜乐器从西周中期有很大发展，扶风竹园沟西周早期墓葬中发现的三件甬钟是迄今发现最早的编钟；北赵晋侯墓地64号墓出土一组西周晚期至春秋初期铜钟共八枚[15]，从时代先后看，编钟组合由三枚一组发展为八枚一组，在西周早期已形成完备形式，中晚期进一步完善。天津博物馆藏有数件西周著名的青铜乐器。

克钟（图版072）传出土于陕西扶风庄白任家村窖藏，出

土后立即受到学者关注，金石学者邹安《周金文存》，罗振玉《三代吉金文存》、《贞松堂集古遗文》，郭沫若《两周金文辞大系图录考释》都有著录。共5件，当属编钟。其中2件收藏于上海博物馆，天津博物馆、日本奈良宁乐美术馆和藤井有邻馆各藏1件。其中以奈良宁乐美术馆藏品器形最大，上海博物馆藏品中有一器为最小。克钟铭文全篇共79字，分刻2器，每钟半篇，上海博物馆、日本奈良宁乐美术馆藏器为上半篇铭文，天津博物馆和日本藤井有邻馆所藏为下半篇铭文。5件钟的形制纹样相同[16]，干上饰以重环纹，舞部有4组对称的夔形龙纹，篆间饰有窃曲纹，鼓部中央作对称相背式的卷体夔龙纹，均为中晚期的流行纹饰，铭文字体具有典型的西周中期风格。根据西周中晚期编钟8件一套的组合规律，克钟似应为8件一套，缺少3件。

铸是中国古代一种青铜铸制的打击乐器，始见于江西新赣大洋洲商墓，盛行于春秋战国时代。铸是由钟发展而来的，形制与钮钟相同，比钟的形体大。其特点是环钮、平口、器身为椭圆形或合瓦形。古代文献记载："钟、磬编悬，铸特悬，位于钟磬之南，所以应钟磬也。"《周礼·小胥》贾公彦疏称，铸"惟县（悬）一而已"。《仪礼·大射礼》郑玄注"铸如钟而大，奏乐以鼓，铸为节。"说明西周时期击铸表示乐章的段落，一件足矣，因此铸与钟在形制、使用上有区别。作为单件使用的打击乐器，铸常在贵族宴飨或祭祀时，同编钟、编磬相配合使用，指挥乐队的演奏，著名的曾侯乙编钟总计六十五件，其中钟六十四件，铸一件。

但考古发掘出土物却与古人记载不符，春秋中期后，铸多以数件成组与编钟配合使用，但数目低于编钟。如河南固始侯古堆一号墓出土九件编钟，八件编铸；山东诸城臧家庄战国墓出土编钟九件，铸七件[17]。

克铸（图版073）截面呈椭圆形，一个音频，平口，钟腔有四道透雕交龙纹扉棱，左右两道直通舞部与钉钮相连。体腔饰浮雕龙纹，上下各有一圈横带，上圈近顶，下圈近口，两带共有方锥形乳钉16个，这种方锥形乳钉在1975年陕西岐山县董家村窖藏出土的西周中期仲南父壶上即已出现，它取代了早期的圆锥状乳钉。右鼓铸铭文79字，记载十六年九月庚寅王命克循泾水东至京师省视，并赐车马，克铸钟纪念，追念逝去的先辈，并祈求幸福。其铭文内容与克钟同，不同的是全篇铭文铸于一器之上。说明其属于一套乐器。值得注意的是器上铭文自铭为"钟"，有些著作称铸为"铸钟"，因其属于广义的钟类，故以此称之。

铸进入周人的乐制系统较晚，1985年陕西眉县杨家村青铜器窖藏出土有铸，经考证其制作年代为西周早中期之际，克铸的出现引起学者很大关注，《周金文存》、《贞松堂集古遗文》、《两周金文辞大系》都有著录。其年代学者意见不同，根据克铸（克钟同）铭文"惟十又六年九月初吉庚寅，王在周康剌（厉）宫……"，郭沫若认为是夷王十六年器；马承源认为是孝王时期器；唐兰断为宣王时期器；李学勤认为"周康剌宫"为厉王之庙，该器的十六年"必须属于宣王"；夏商周断代工程研究结果认为克铸与克钟年代应为宣王前后，属西周晚期。[18]

克铸与克鼎、克钟，都出自一窖。是出土的克器中唯一的一件铸，器型完整，纹饰精美，气势宏伟。对于研究西周音乐、礼仪有着重要的价值，同时也为研究西周晚期政治制度及军事活动提供了重要史料。

馆藏四件"逆钟"（图版068-071）来源于陕西，最高者将近 60 厘米，甬部粗大，上饰波曲纹，旋、篆间饰窃曲纹及 S 形云纹，鼓部饰交叠式雷纹，有的右鼓饰鸟纹，昂首花冠，尖喙翘尾状，36 只两层式长枚。有的体内壁都有调音槽，具有西周晚期器物特点。钲间饰铭文 21 字，其中一钟有一合文共计 85 字。铭文格式为册命，是叔氏封赐其家臣"逆"续其祖考之职，掌管包括叔氏家族成员在内的仆庸、臣妾、小子家室等事务。于此可以看出西周宗族制度，室在西周是族的基本单位，是一个"政治、经济、军事的综合体"[19]，属于祖先或是从先人继承。铭文中"公室""小子室家"应是家族的大小宗成员，说明叔氏家族是一个规模很大的宗族组织，叔氏是家族的管理者。"逆"的职位是世代依附于这个大家族的家臣，需经过重新册封来世袭家臣之职位，以便管理家族事务。

逆钟铭文有明确年月、月相及干支，与颂簋等西周晚期器的纪时方式相同。但是此组钟铭文内容未完，表明这套编钟应该多于四件。

1980 年，陕西长安下泉村出土一件多友鼎，铸有铭文 278 字，记载周厉王时期一次反击玁狁人入侵京师的战役，多友因战功获得赏赐，赐品中有"汤钟一肆"，即以精铜铸造的铜钟一套，《周礼·小胥》记："凡悬钟磬，半为堵，全为肆。"杜预注："肆，列也，悬钟十六为一肆。"已出土的西周编钟，最多者为八件一套，"一肆"当指八件一套的编钟。表明作为礼乐器范畴的钟可直接用作赏赐品。

西周中期之后编钟组合一般以八枚为常制，所体现的乐制比较统一。这种统一的乐制与严格的用鼎制度形成鲜明的对比，因为编钟的组合较为复杂，从目前考古发现在窖藏和墓葬中既有完全相同的成套编钟，又有拼合的成套编钟。如曲沃县北赵村晋侯墓地 64 号墓出土的八件编钟是由六件楚宫

逆钟和两件周式甬钟拼合而成。尽管在礼乐制度中编钟数量与悬挂方向分阶层定名位，但编钟与其他礼器不同，其第一功能是音律，编钟的组合必须符合一定的音阶结构，即羽、宫、角、徵，以适应演奏乐曲，体现其实用价值；其次才是形制纹样相同、大小相次，要铸造一套完美的编钟较为不易，因此才会出现在几组铜钟中挑选成编的拼合现象[20]。说明以钟磬为代表的西周乐制和以鼎簋为代表的礼制是不同的。

从馆藏克钟、逆钟，还有楚公蒙钟等分析，八件成组编钟出现且普遍存在，有一定的音阶规律，铸有铭文，并且有着一定规律的排列格式。说明西周晚期以编钟为中心的西周乐制已经确立。

从馆藏铜器可以看出，西周晚期的青铜礼器虽形制没有突出发展，但却注重实用，追求清新明快，宁静庄重，以适应社会生活的需求，反映出这一时期人们的审美意识的巨大变化。

西周晚期纹饰主要是窃曲纹盛行，其名称也是据《吕氏春秋》"周鼎有窃曲，状甚长，上下皆曲，以见极之败也。"窃曲纹的基本特征是一个横置的 S 形，正符合于"上下皆曲"的特点。窃曲纹的出现使商末周初庄严、神秘的动物纹解体，进一步促进了青铜器纹饰的抽象化与几何图形化，因而在青铜器纹饰发展史中有着重要作用。西周晚期的窃曲纹中间是目纹，即眼睛的样子，整体呈 S 形，两端分叉，故亦称为兽目交连纹。窃曲纹适应性很强，可以随机变化，装饰于器物各种不同的部位，以窃曲纹构成的装饰，一般不刻云雷纹的地纹。

除窃曲纹外，重环纹、波曲纹、鳞纹、瓦纹等纹饰占主要地位，纹饰种类少，结构变化差，却具有很强的装饰意味，构图浑厚，朴素明快，简洁疏朗，多了几分生活气息，早中期

的兽面纹、云雷纹、顾龙纹、长尾鸟纹等逐渐消失，有些器物素面不施纹饰，这种追求自然真实，追求自由的审美取代拘谨和沉闷，由凝重走向轻灵，由粗犷走向细腻，由繁复走向简朴，给人以庄重、宁静的感觉。

此时的铭文多以册命为主，为玉筯体，竖笔上下等粗，笔画无波捺，两端如圆箸，长方形，笔划之间的相交与连接处较粗阔圆浑，结构开朗，排列整齐规范，笔道方折少圆折多，细而匀称。字体严谨工整，内容多为歌颂先辈功德等。这种玉箸体自西周晚期开始流行，大、小克鼎铭文为其典型代表。

天津博物馆藏古代青铜器以传世品多、质量精而闻名，其中更不乏堪称国宝的名贵珍藏，具有极高的历史、艺术价值，对研究中国古代青铜器、中国古代史具有重要意义。

---

[1] 马承源主编：《中国青铜器》，上海古籍出版社，1988 年，第 409-411 页。

[2] 罗西章：《扶风县文物志》，陕西人民出版社，1993 年。罗振玉：《贞松堂集古遗文》卷一，十一页；卷三，三十五页。

[3] 陈梦家：《西周铜器断代》，《考古学报》1956 年第 1 期。

[4] 陈梦家：《西周铜器断代》，《考古学报》1955 年第 10 期。

[5] 唐兰：《西周青铜器铭文分代史征》，中华书局，1986 年。

[6] 张懋镕：《周人不用日名说》，《历史研究》1993 年第 5 期；张懋镕：《周人不用族徽说》，《考古》1995 年第 9 期。

[7] 上海博物馆、陕西省古研究院、宝鸡市文物旅游局编:《周野鹿鸣:宝鸡石鼓山西周贵族墓出土青铜器》，上海世纪出版集团，2014 年，第 274 页。

[8] 李永迪、岳占伟、刘煜：《从孝民屯东南地出土陶范谈对殷墟青铜器的几点新认识》，《考古》2007 年第 3 期。

[9] 邹衡：《夏商周考古学论文集》，文物出版社，1980 年，176 页。

[10] 王世民：《西周青铜器分期断代研究》，文物出版社，1999 年，第 41 页。

[11] 宝鸡茹家庄西周墓发掘队：《陕西省宝鸡市茹家庄西周墓发掘简报》，《文物》1976 年第 4 期。

[12] 梓溪：《青铜器名词解说》，《文物参考资料》1958 年第 3 期。

[13] 张懋镕：《方座簋研究》，《考古》1999 年第 12 期。

[14] 郭宝钧：《商周铜器群综合研究》，文物出版社，1981 年，第 148 页壶 4 说明。

[15] 卢连成、胡智生：《宝鸡強国墓地》，文物出版社，1988 年。陕西省考古研究所、北京大学考古学系：《天马—曲村遗址北赵晋侯墓地第四次挖掘》，《文物》1994 年第 8 期。

[16] 李朝远：《楚宫逆钟的成编方式及其他》，《青铜器学步集》，文物出版社，2007 年。

[17] 固始侯古堆一号墓发掘组：《河南固始侯古堆一号墓发掘简报》，《文物》1981 年第 1 期。山东诸城县博物馆：《山东诸城臧家庄与葛布口村战国墓》，《文物》1987 年第 12 期。

[18] 郭沫若：《两周金文辞大系图录考释》，科学出版社，1957 年，第 112 页。马承源主编：《中国音乐文物大系•上海卷》，大象出版社，1996 年，第 42 页。唐兰:《西周铜器断代中的“康宫”问题》,《考古学报》1962 年第 1 期。李学勤:《吴虎鼎考释》,《考古与文物》1998 年第 3 期。王世民等：《关于夏商周断代工程中的西周青铜器分期断代研究》，《文物》1999 年第 6 期。

[19] 朱凤瀚：《关于春秋三桓分公室的几个问题》，《历史教学》1984 年第 1 期。

[20] 高西省：《楚公编钟及有关问题》，《文物》2015 年第 1 期。

图版

001 爵　二里头文化时期

通高19.7厘米

铜爵自二里头文化时期开始出现，此器
平底、薄壁、长流短尾，下部假腹有
镂孔，通体合范铸成。此种铜爵形制
原始，风格粗朴，是目前国内发现的最
早的青铜容器之一。

002 兽面纹鼎　商代中期

高17.5、口径13.7厘米

口微敛，双立耳，圆腹较深，腹壁较直，
圜底，下承三较细的柱形足。口沿下饰
有一周兽面纹，无底纹，间以扉棱为鼻。

003 象祖辛鼎　商代晚期

高28.9、口径24.2厘米

直口，口沿平折，双立耳，腹较深，腹壁较直，近下腹圆转内收，圜底，下承三条柱足。口沿下饰间隔分布的涡纹、龙纹，以云雷纹为地。内壁铸有铭文"象祖辛"三字。

004 | 兽面纹鼎　商代晚期
高18.7、口径15.5厘米

直口、口沿平折，双立耳，圆深腹，　　　特征，表明此鼎年代约在商代后期偏早。
腹壁较直、圜底，下承三柱形足，柱　　　口沿下饰有兽面纹一周，兽尾下卷，并
足根部较粗，下部略细，柱足是较早　　　以云雷纹为底纹。

005 | 兽面纹鼎　商代晚期
高49.4、口径44厘米

口微敛，口沿略斜折，腹较深、腹壁
微圆鼓，近下腹圆转内收，圜底，双立耳，
下承三条粗壮的柱足。口沿下饰兽面
纹，双目凸出，无底纹，以扉棱为鼻，

柱足上部亦饰有粗犷凸起的兽面。此
鼎器型较大，形体厚重，具有典型的
商代青铜器风格。

006 | 父辛鼎　商代晚期

高20.7、口径17厘米

此鼎为鬲形鼎。直口，口沿平折而微侈，双立耳，三柱足。颈部饰雷纹一周，腹部饰三组突起的兽面纹。腹内壁铸有铭文三字，一族名"旗"与"父辛"二字。

007 蝉纹鼎　商代晚期

高16.1、口径13.9厘米

口沿上有对称双立耳，深圆腹、腹壁较直，下腹圆转内收，圈底，下承三条细柱足，足下端略细。口沿下饰有以云纹为底纹的一周三角蝉纹。此鼎形制与纹饰均近同于安阳武官村 M1 出土的鼎 (M1:3)，但腹部更深，显示出年代更早的特征。

008 蝉纹鼎　商代晚期
高22.5、口径17.5厘米

敞口、双立耳、束颈、圆鼓腹、三粗柱足。颈部饰有一周鸟首龙身纹，此种纹饰身体与典型鸟身有异，近于龙身，但头、喙近似鸟，间以扉棱及兽面，腹部饰有三角形蝉纹，均以云雷纹为底纹，柱足上饰有三角云纹。此鼎纹饰华丽优美，具有典型的商代晚期纹饰特征。

009 | 素鬲　商代晚期
高14.8、口径12.9厘米

侈口，口沿外展，颈部微束，腹壁
略鼓，联裆较高，三柱形足跟。素
面，无纹饰。

38

010 | **百乳雷纹簋　商代晚期**
高14.8、口径21.8厘米

口沿微侈，圆腹，两侧置兽首鋬。口沿
下饰兽面纹，前后居中各有一浮雕状兽
首，高圈足，圈足下有高直阶。腹部纹

饰以斜方格状雷纹为底，其上作百乳，
乳钉成尖突状；圈足饰有兽面纹及四
道短扉棱。

O11 | 申刪父戊簋　商代晚期
高15.3、口径24.2厘米

方唇、折沿、腹部较浅、圈足较高。口
沿下有三羊首，羊首旁有相对的夔纹，
夔尾上卷；腹部有尖状乳钉纹，圈足
上饰有双夔纹，间以两道扉棱；全器
均以云雷纹为地。器内底有铭文"申刪
父戊"四字，其中前两字为复合氏名。

012 夔龙纹无耳簋　商代晚期

通高14.3、口径21、腹深12.7厘米

敞口，圆腹较深，腹部斜直内收，矮斜圈足。靠近口沿以及圈足各饰一圈夔纹。

013 | 戈父己爵　商代晚期

高19.8、流尾宽17厘米

圆腹，腹壁较直，底部凸起，三棱形
足外撇。口部饰有两个菌状柱，柱顶
饰有涡纹。腹部饰有兽面纹，以云雷
纹为地。鋬下铸有铭文"戈父己"三字。

014 戈父己爵　商代晚期

高15.9、宽16厘米

圆腹，腹壁较直，底部凸起，三条三
棱形足外撇。柱在口与流的交接处，
为菌状形顶；流成弧线形弯度。口沿
下饰有蕉叶纹，腹部饰有兽面纹，鋬下
铸有铭文"戈父己"三字。

015 貯爵　商代晚期

高19.4、流至尾长18.6厘米

流狭长、尾短宽，柱在流与口的相接处，卵形腹，足较高。肩部饰蕉叶纹、腹部饰兽面纹，侧面有扉棱，云雷纹为地。此爵的纹饰体现了商代晚期青铜器所流行的三层花的装饰手法，纹饰细腻繁缛，美轮美奂。鋬内铸有铭文"貯"字。

016 | 子□爵　商代晚期
高17.3、宽15.7厘米

圆腹、腹壁较直，三条三棱形足；柱
在口与流的交接处，菌状形顶；流成
弧线形弯度。腹部饰有三道弦纹，鋬内
铸有铭文"子□"二字。

017 | 涡纹爵　商代晚期

高20.5厘米

圆腹较鼓，腹身短、三条三棱形足。
柱在口与流的交接处，流成弧线形弯
度。口沿下饰有三角形蕉叶纹、腹部

饰涡纹，以云雷纹为底纹。鋬内铸有阳
文铭文三字。

018 | 弦纹斝　商代晚期

口径20、高34.9厘米

敞口，口沿上有二菌状形立柱，柱顶为
涡纹。颈较直，与腹部有一兽头鋬相连；
圆腹鼓起，三分裆，下承三柱足直立，
形体硕大。颈部饰有两周弦纹，袋足
上有三角形凸弦纹。鋬内侧铸有铭文
"亞隻示辛"四字，"隻"为作器者氏名。

019 | 兽面纹斝　商代晚期
高34、直径24厘米

敞口，口沿处有二菌状形顶立柱，束　　鋬相连。柱顶饰涡纹，颈部、腹部皆
颈，腹微外鼓，底下突，三锥形足外撇，　饰兽面纹。此斝形体巨大、纹饰繁缛，
足断面呈"T"字形，颈部、腹部有一　　具有典型的商代晚期青铜器风格。

020 囗父乙觚　商代晚期

高27.1、口径15.7厘米

敞口、口呈喇叭形、细腰、足稍向外撇，
整体造型自然流畅。腰部以及足上饰
有云雷纹和兽面纹。足底有铭文"囗父
乙"三字。此器为传世品、表面光亮、
铭文不甚清晰。

021 | 蕉叶纹觚　商代晚期

高29.7、口径16.4厘米

侈口，体型较高，细腰，高圈足上有十字形镂孔。颈部饰有蕉叶纹，下饰蛇纹、兽面纹，腹部、圈足饰兽面纹，以云雷纹为地，有扉棱装饰。器物整体纹饰精湛，为商代晚期偏晚觚的典型形制。

022 兽面纹觚　商代晚期

高28.5、口径15.2厘米

敞口，口呈喇叭形，细腰，足稍向外撇，整体造型自然流畅。下腹部、圈足上饰有夔龙纹组成的兽面纹，并以云雷纹为底纹，腹与圈足各饰有四条扉棱，腹部与足部交接处有两个十字形镂孔。

023 | 父乙尊　商代晚期

高22.1、口径23厘米

大侈口，口径超过肩径，长颈折肩，腹
下部内收呈圜底，高坡状圈足。颈、
圈足各饰两道弦纹，肩部饰有兽面纹
及三个突起的牺首，腹部以云雷纹为
地，分别饰有夔龙纹、兽面纹，间以
扉棱。尊内底铸有铭文"衍耳作父乙
彝"六字。

024 兽面纹卣　商代晚期

高32.5、口径14.7厘米

椭圆体，子母口，圆腹，最大径接近　　一瓜棱形的盖钮。口沿下两周联珠纹间
圈足，高圈足外撇，口下两侧有二环　　饰有两个突起的兽首。
形耳、系以绚形提梁。有盖，盖顶有

025 | 棱父丙卣　商代晚期

通高35、口径11厘米

此卣盖系后配，圆形捉手，长颈鼓腹，
高圈足外撇，颈两侧有耳，附有提梁，
上饰雷纹，两端作兽首状。肩部饰一
周兽面纹，并有扉棱，联珠纹为界，
下有一道弦纹；圈足饰一周突起的云
雷纹，间以小乳钉。器底内壁铸有铭文
"棱父丙"三字。

026 涡纹罍　商代晚期

高45、宽33.9厘米

侈口、束颈，肩部浑圆突出，并有两兽
耳、圆腹内收，线条流畅，矮直圈足，
下腹部有一兽形系。颈部饰两道凸弦纹，
肩部饰一周涡纹。

027 | 兽面纹彝　商代晚期
高17.4、口径10.8厘米

侈口、颈部微束，折肩，自肩下折为腹，
方腹，腹下折为方座。全身饰有兽面
纹，以云雷纹为地。颈部有两个小贯耳、
足墙上有四孔。

028 兽面纹盉　商代早期

高22.7、宽13.3厘米

商代前期的水器。封顶，呈圆鼓状，顶上斜生管状流，流后有一大方形孔。器身作三袋足鬲形。上部饰兽面纹，片状鋬。

这件器物是 20 世纪 70 年代文物工作者从天津电解铜厂的废旧杂铜中拣选而来。

029 | **娸铙　商代晚期**
高11.7、口横9.4、口纵4.8厘米

口部呈凹弧型、两侧角尖锐、底部置一中空
圆柱状的短柄、与体腔内相通、体腔前后均
饰有浅浮雕状的兽面纹。口部内壁铸铭文"娸
铙"二字。此件铙形体较小、与殷墟出土的
商代兽面纹铙类似。

铙是流行于商代晚期的打击类礼乐器，主
要用途是在祭祀祖先和自然神明时进行敲击
演奏。郑玄注《周礼·鼓人》曰："铙、如
铃、无舌、有秉执而鸣之。"演奏时铙口向
上、将中空的柄部安上木把、置于木座之上、
以木槌敲击铙口中间及两侧部位即可发出宏
亮悠长的声音。

030 | 兽面纹铙　商代晚期

通高47.5厘米

此铙为合瓦形、形体高大厚重，口沿微
凹，粗柄上有一周突起，柄中空并与内
腔相连通，铙体饰有兽面纹，内填云
雷纹，柄及顶部也遍饰雷纹，整体纹
饰精美粗犷，生动立体。

031 | **夔龙纹鼎　商末周初**

高22、口径17.3厘米

此鼎器壁较厚，双立耳，口部折沿稍敞，腹较深，圜底，下承三粗柱足。口沿下方饰有以扉棱隔开的两组头部相对的夔龙纹，夔龙眼部微凸，以云雷纹为底纹。鼎内侧壁铸有"𝌏"一字，似为族名。此鼎1987年5月出土于天津蓟县张家园遗址二号墓，属存留于西周早期的商代后期器物。

032 | 涡纹鼎　商末周初

高25.8、口径20.5厘米

此鼎器壁较厚，双立耳，口部折沿外敞，圆腹较深，圜底，下承三个稍内收的粗壮柱足。口沿下方饰涡纹，腹部饰有以云雷纹为底纹的蝉纹。鼎整体厚重，纹饰繁密，具有典型的商末周初纹饰的特征。1987年5月出土于天津蓟县张家园遗址三号墓，属于存留于西周早期的商代晚期器物。

033 | 素鼎　西周早期
高18.7、口径16.3厘米

此鼎素面无纹，铸造较为粗糙，双耳　　均镇东南刘家坟，属于蓟县邦均遗址
立于口沿之上，腹部微垂、平底、三　　的一部分，是天津考古史上首次发现的
足稍内收。1986 年出土于天津蓟县邦　　西周初年的青铜器物。

034 夔龙纹鼎 西周早期

高20.8、口径19厘米

此鼎双立耳，腹部略垂、平底，三柱足微收。口沿下方饰有两组头部相对的夔龙纹，中间以一扉棱为界，夔龙卷曲形象，生动活泼。内底铸有"□乍（作）□鼎"四字，应是当地部落贵族所用之物。此鼎1986年出土于天津蓟县邦均镇刘家坟，属于西周早期器物。

035 | 兽面蕉叶纹鼎　西周早期

高50.5、口径39.5厘米

此鼎无盖，折口平沿，直立耳较厚大，鼓腹下垂，腹底为浅分裆，三柱足，足根部较粗。立耳外侧饰有对称的立式长尾夔龙纹，颈部饰四组浅浮雕兽面纹，间有短扉棱；腹部饰有三角形的蕉叶纹，三足上部饰有带扉棱的兽面纹。此鼎整体造型硕大、纹饰细腻，雄浑壮观。

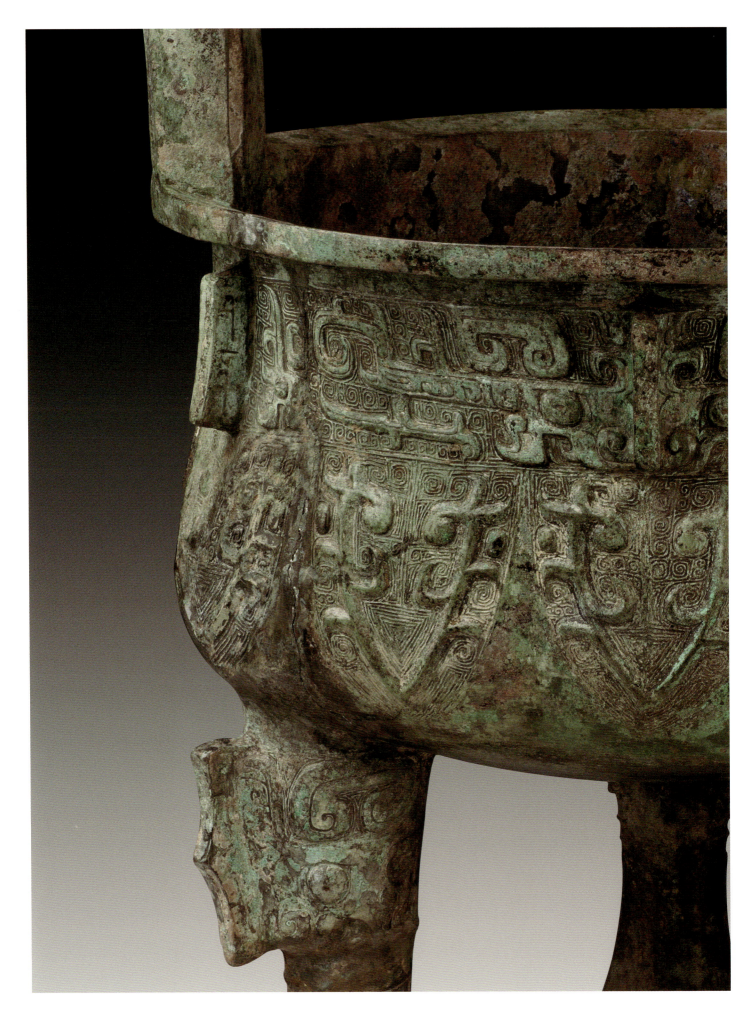

036 卿鼎　西周早期

高25.1、口径20.6厘米

此鼎敛口、立耳、圆腹、底近于平底，柱状足，柱足上部较粗，下部较细，口沿下饰有较宽的兽面纹带。腹内壁铸有铭文"公違省自東在新邑臣卿錫金用乍（作）父乙寶彝"十八字，与故宫所藏一件卿鼎形制相同。

037 兽面纹鼎 西周早期

高18.4、口径15.7厘米

此鼎为鬲形鼎。双立耳、口沿平折，鼎底部分裆，下承三个纤细的柱足。口沿下饰有一圈云雷纹，腹部饰有倒立的夔龙纹和兽面纹，兽头部延伸至柱足，并以云雷纹为底纹，纹饰繁缛，呈现商代晚期的装饰特征。1987 年 5 月出土于天津蓟县张家园遗址四号墓。

038 车鼎　西周早期

高18.3厘米

方形腹较深，双立耳、腹部四角有窄
扉棱，四细长柱形足。口沿下饰有夔
龙纹，腹部正中为长方形素面，左右及
下边饰有微凸的乳钉纹。鼎内侧铸有铭
文"車乍（作）寶鼎"四字。

039 | 史伏鼎　西周早期

通高13.5、口径21厘米

双立耳、宽口沿、腹壁较直、三柱足。
口沿下饰有三组由双夔纹组成的兽面
纹、夔尾上卷、以云雷纹为地、腹部
饰百乳雷纹。器内壁铸有铭文"史伏乍
(作)父乙宝䵼彝"八字。

040 太保鼎　西周早期

通高57.6、口长35.8、宽22.8厘米

清咸丰年间(一说道光年间)，山东寿张县梁山出土

此鼎为方形腹，四柱足，双立耳，耳上立双伏龙形兽。鼎腹部四面饰蕉叶纹与兽面纹，四角饰扉棱，最为显著的是柱足上装饰的扉棱和柱足中部附加的圆盘，这在商周青铜器中是独一无二的，非常奇异。

鼎腹内壁铸"大保铸"三字。大保即太保，太保为官职名，西周始置，为监护与辅弼国君之官。《尚书·君奭》载："召公为保，周公为师，相成王左右。"《史记·燕召公世家》记载："召公奭与周同姓，姓姬氏，周武王之灭纣，封召公于北燕。"这件太保鼎应即召公奭所铸造。

041 夔龙纹鼎　西周中期

高28.4、口径26.3厘米

侈口、口沿外折，口沿上对称有二直耳，
圆腹，腹壁较直，三柱足，柱足上皆
饰兽面。口沿下饰一周顾龙纹。

042 | **克鼎　西周晚期**

高35.1、口径32.8厘米

双立耳，口沿平折，颈部有六个短扉棱，下承三条兽蹄形足。耳上饰夔龙纹、颈部饰窃曲纹，腹部饰环带纹，蹄足上部有短扉棱，饰兽面纹，腹壁内铸铭文"隹（唯）王廿年又三年九月，王在宗周，王命譱（膳）夫克舍令（命）于成周，遹正八自（师）之年。克乍（作）朕皇且（祖）釐季寶宗彝。克其日用囍，朕辟魯休，用匄康勳、屯（純）右（佑）、眉（眉）壽、永令（命）、霝冬（终）。遷（萬）年無彊（疆），克其子子孫孫永寶用"七十二字，记述周厉王二十三年九月，王命兼管军事的近臣膳夫克去巡视驻屯在成周的军队并进行整饬。此鼎对研究西周的官制与军事组织有重要的历史价值。

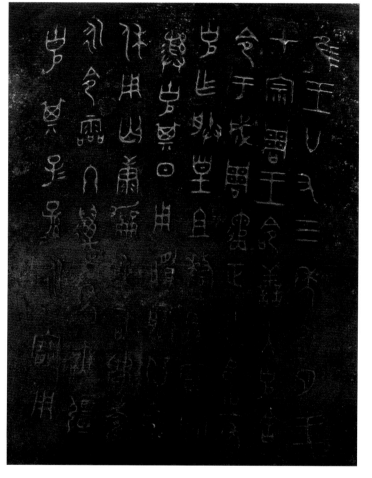

043 | 太师鼎　西周晚期

高49.8、口径44厘米

双立耳微向外撇，宽唇，腹部鼓出，向下收敛成圜底，下承三兽蹄形足。腹上部饰一圈鳞纹。腹内壁铸铭文"太师人ＸＸ乎乍（作）宝鼎其子孙用"三行十二字。此鼎形体硕大，从器型和纹饰上看应属西周晚期器物。

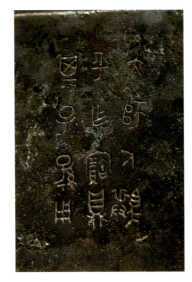

044 | 象足甗　西周早期

高51、口径31厘米

甗为当时的蒸煮饭食的器皿。此甗甑鬲连铸，口微收、束腰，双立耳内倾，下承三足，足部中空与腹腔相连，可放置竹箅使用。口沿下饰三道弦纹，鬲部饰象头。

045 百乳雷纹簋　西周早期
口径24.4、高17.2厘米

侈口，圆腹，腹壁较直，高圈足稍撇，两侧对称二兽头耳，耳下部有小方珥，珥上饰有夔龙，兽头生动形象。颈部饰一周火龙纹，间以凸起的兽头。腹部纹饰以斜方格状雷纹为底纹，其上饰有尖突状的乳钉纹，圈足饰有以云雷纹为底的兽面纹与两道短扉棱。

046 **无耳簋　西周早期**
高13、口径18.4厘米

此簋素面无纹，无耳，口部折沿，器
壁较薄，腹部微垂，高直圈足，圈足
上有三个镂孔。1986 年出土于天津蓟
县邦均镇刘家坟，属于西周早期器物。

047 | 戈父丁簋　西周

高17、口径25、连耳宽32厘米

此簋器壁较厚、口部外撇、口沿不太规整、器体两侧饰兽首鋬并有小珥装饰、高圈足、底部外撇。口沿下方饰有一周云雷纹、间有两个兽首、云雷纹下方饰有弦纹和一周圆圈纹、腹部饰百乳雷纹、乳钉圆润。圈足上饰有弦纹和圆圈纹、器物内底铸有"戈父丁"三字铭文、应属当地某氏族部落首领的随葬物品。此簋1986年出土于天津蓟县邦均镇刘家坟、属于西周早期器物。

048 | 乳钉纹无耳簋　西周早期

高16.5、口径24.6厘米

此簋无耳、口部微敞折沿，下承高圈足。口沿下方饰有兽首为界的一周夔龙纹，夔龙头部相对，腹部饰有乳钉雷纹，乳钉凸起直立，圈足上饰有夔龙纹。1987年5月出土于天津蓟县张家园遗址三号墓，属于商末至西周早期较典型的器物。

049 天簋　西周

高17、口径22.5、连耳宽24厘米

此簋形体厚重，口部折沿，肩部内收，腹部鼓起，下承高圈足。口沿下方饰有间以兽面的夔龙纹组成的纹饰带，腹部饰有凸起的兽面纹，并以扉棱为鼻。双耳上部饰有凸起的兽面，下部饰钩形小珥，耳部周身饰有细致的云纹，圈足上饰有凸起的夔龙纹，并以扉棱为界。簋内底铸有"天"字，应是周人的一个氏族名。1987年5月出土于天津蓟县张家园遗址四号墓，属于西周早期器物。

050 | 集瓜父癸簋　西周早期

高15.2、口径18.1厘米

圆腹，腹壁较直，高圈足，腹部有对
称二龙形兽耳，下有长方形垂珥。口
沿下饰鸟纹，腹部饰兽面纹，圈足饰
夔龙纹，通体以云雷纹为地。簋内底
部铸有铭文"集瓜（从）父癸"四字。

051 夆伯簋 西周晚期

高14、口径19.2厘米

圆腹,腹部两侧对称二兽耳,有垂珥,
直圈足,圈足下另承三条扁蹄足。口沿
下饰重环纹,腹部饰瓦纹。簋内底铸
铭文"夆伯乍(作)丼(井)姬寶簋子子
孙孙用"十二字。

052 史颂簋盖　西周晚期
高7.7、口径24.3厘米

盖顶饰变形的鸟纹，盖侧饰瓦纹，口
沿饰窃曲纹。盖内铸铭文"隹（唯）三
年五月丁子（巳）、王才（在）宗周，令
史颂得穌（蘇）友、里君、百生（姓），
帅龏于成周，休又（有）成事，穌（蘇）

賓章（璋）、马三（四）匹,吉金,用乍（作）
彝,頌其萬年無彊（疆）、日揚天子覿令,
子子孫孫永寶用"，讲述了西周史官颂
得到周王赏赐，铸造此器用以纪念。

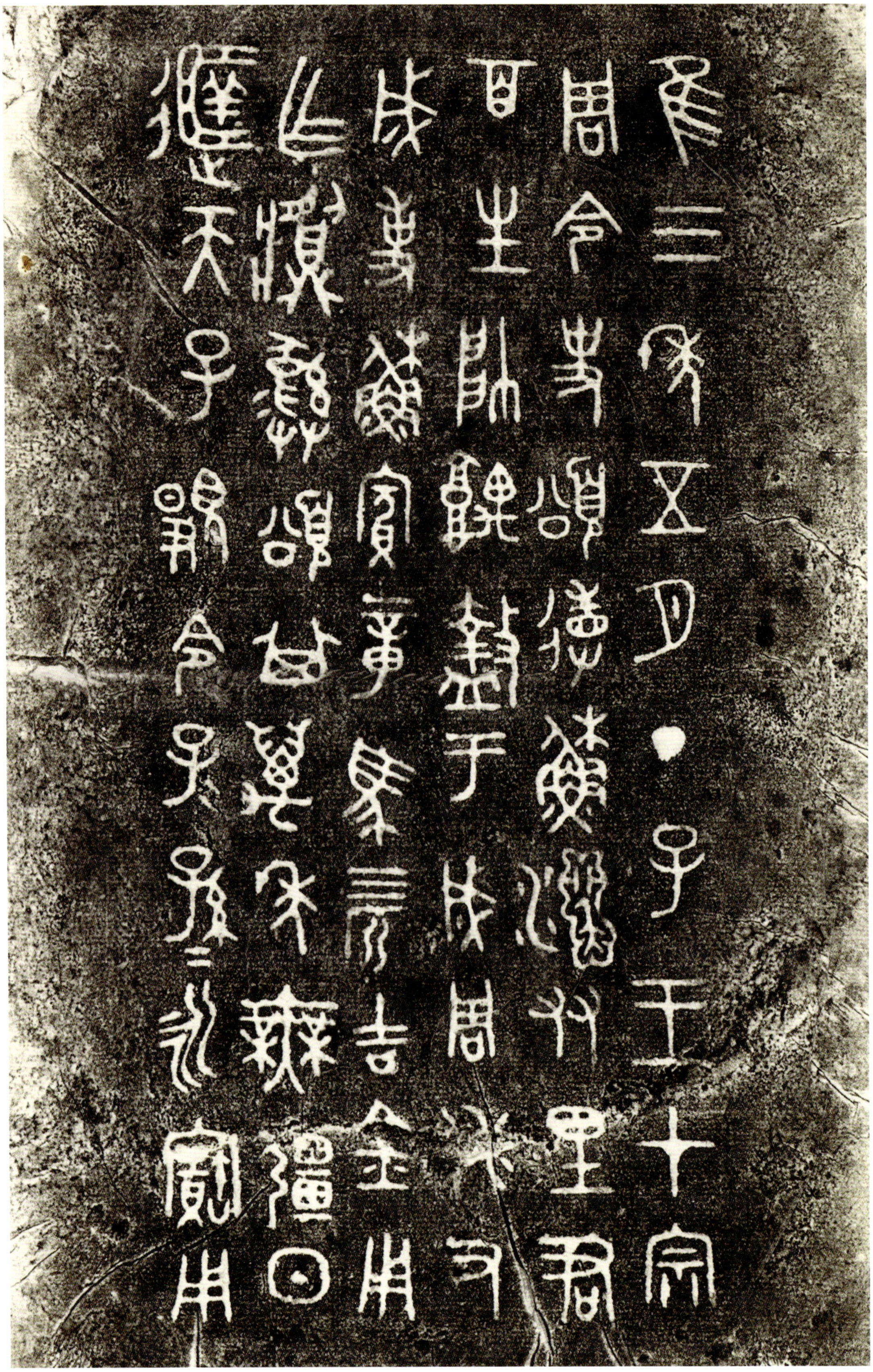

救簋盖　西周

高7.6厘米、直径20.5

子母口，杯口形柄。盖身饰弦纹。盖内铸有铭文"唯二月初吉，王在師嗣（司）馬宮大室即立（位），井（邢）伯内右救立中廷北卿（嚮）內史尹冊易（錫）救玄衣、朱屯（純），旅四，日用，大甫（備）於五邑□□拜稽首敢對龏（揚）天子休，用乍（作）寶簋，其萬年子子孫孫永寶用"六十九字，记述了西周时期修治五邑堤堰之事。

054 波带纹盂　西周晚期

高38.3、口径56.8厘米

饪食器，侈口，方唇，深腹，腹壁较直，下腹圜收，高圈足外侈，上腹部一对附耳。颈部饰夔龙纹，中间浮雕兽首。颈下饰一周宽弦纹带，腹部饰以波带纹，在波带内填以兽面的纹饰，云雷纹为地；圈足饰窃曲纹。盂的主要用途是盛放熟饭，它和簋配合使用，簋中之饭乃取自盂中。

055 父己爵 西周中期

高18.9厘米

高柱宽流，柱在流与鋬之间的口缘上，下腹倾垂而外鼓，圈底，刀形足扁宽。上腹部饰一周凤鸟纹，具有西周时期纹饰的典型特色。柱外侧铸有铭文一行"乍（作）父己友□"五字。

056 从乍（作）彝觚　西周早期

左高21、口径13.1厘米
右高21、口径13厘米

敞口、口呈喇叭形、细腰、腹部呈圆柱
状、足向外撇、整体造型流畅自然。腹部
饰兽面纹。足底铸阳文铭文"従乍（作）
彝"四字。

057 | 弦纹觯　西周中期

高18.1、口径9厘米

敞口，颈较直，圆腹，腹部最大径位于
靠近圈足，略显垂腹，高圈足。颈部、
圈足皆饰有两道弦纹。通体绿色光泽。
内底铸有铭文"凡"一字。

058 | **蕉叶纹觯　西周早期**
高15.9、口径5厘米

敞口、类似喇叭形、束颈、圆腹、最
大直径处靠近圈足、略呈垂腹、线条
流畅、圈足较高、颈部饰有蕉叶纹和
两道弦纹。

059 乍（作）从彝尊　西周早期

高20.2、口径18.4厘米

大口侈张、长颈较直，腹部浑圆突出，
似球状，高圈足。肩部、圈足饰弦纹，
腹部有二凸起的小兽头。内底有铭文
"乍（作）従彝"三字。

060 伯尊 西周中期
高16.9、口径16.8厘米

大口侈张，敛颈，腹部下垂，最大腹径
近底部，圈足。颈部饰一圈长冠龙纹，
前后各有一浮雕的兽首，圈足上有两道弦
纹。器内腹底部铸铭文"伯乍（作）旅彝"
四字。

061 | 嬴霝德壶　西周晚期
高44.6、口径14.5厘米

此壶为长颈椭方形、壶盖较
高，盖顶作圈足状，盖腹壁
直深，倒置可做杯用。颈部
有双贯耳，下腹部垂大，圈足
高而外撇。壶通体饰有纹饰，
盖口沿、颈部均饰有凤鸟纹饰
带，腹部饰以十字界栏，将器
腹外分为八区，每区内无纹
饰，界栏交汇处有浮雕的三角
锥形纹饰，器盖内与口沿处皆
铸有铭文"嬴霝德乍（作）执壶"
六字。

062 | 从乍（作）彝卣　西周早期

高27.1、口径15.7厘米

竖颈内敛、深腹、腹壁较直、圈足较
高，整体造型自然流畅。器身侧面附
有提梁，两侧饰双羊首耳，器身光素。
有子母口的盖,盖顶饰一四瓣形的盖钮，
盖内侧铸有铭文"從乍（作）彝"三字。

063 鸟纹附耳盘　西周中期

高11、口径28.5厘米

此盘附耳，浅底，高圈足。盘腹部与
底部边缘均饰有垂冠大鸟纹，盘内大
部分已被绿锈覆盖。附耳盘流行于西
周中晚期到春秋时期，此盘上华丽的
大鸟纹饰具有典型的西周中期风格。

064 弦纹盘　西周晚期

高11.8、直径29.6厘米

此盘无耳，浅底，高圈足。口沿下方
饰有两道弦纹，盘内底铸铭文"辛中姬
皇母乍（作）寶盤，其眉壽萬年無疆，
子子孫孫永保用享"。

065 | 夔纹禁　西周早期

高23、长126、宽46.6厘米

传20世纪20年代出土于陕西宝鸡斗鸡台戴家沟

此禁呈扁平立体长方形，中空无底，禁面上有三个微凸起的椭圆形子口，中间的子口略小于两边子口，禁前后两面各有两排镂空的长方形孔十六个，左右两面各有两排镂空的长方形孔四个，禁的四周都饰有精美的夔纹，纹饰生动，制作精良。

禁是西周前期的承尊器，是古代贵族在祭祀、宴飨时摆放卣、尊等盛酒器皿的几案，传世铜禁十分罕见，极其珍贵。

066 窃曲纹龙柄匜　西周晚期

高20.4、宽38.2厘米

浅腹，前有流，后有柄，柄为龙形，龙口衔匜，龙尾卷曲，造型优美，形象生动。口沿下饰窃曲纹一周，下承四条兽形足。

067 叔旅鱼父钟 西周晚期

高32.7厘米

编钟之一。于上饰重环纹，甬旁之旋作
立虎形、舞及隧部铸象首纹，鼓右有
凤纹，纹饰特殊，非常少见。钲间及
鼓左有铭文"朕皇考叔旅鱼父□□□
多福□"三行十三字，据铭文可知此
钟为叔旅之子为其父所做。

068 逆钟（1号） 西周晚期
通高59.2、甬高20.1、口横31.5、口纵25厘米

甬钟。甬部较粗大并饰有环带纹，干部饰目
云纹，篆间饰 S 形云纹，午部和鼓部饰云纹。
钟枚分布在正间两侧，每组三行，每行三枚。
钟体内壁有调音槽。钲间铸有铭文"隹（唯）
王元年三月既生霸庚申，弔（叔）氏才（在）
大（太）漳（廟），弔（叔）氏令（命）史"
三行二十一字。

069 逆钟（2号）　西周晚期
通高56.8、甬高18.4、口横31.8、口纵23.2厘米

甬钟。钟体呈直桶状，甬部较粗大并饰有环带纹，干部饰目云纹，篆间饰S形云纹，午部和鼓部饰云纹。钟枚分布在正间两侧，每组三行，每行三枚。钲间铸有铭文"召逆，弔（叔）氏若曰：逆，乃且（祖）考許政於公室。今余易（錫）女（汝）甲五"三行二十一字。

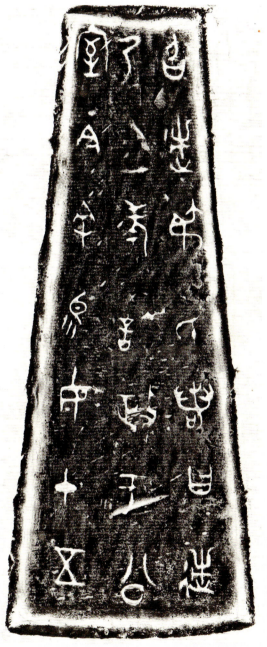

070 逆钟（3号） 西周晚期

通高56.4、甬高18.3、口横29、口纵23厘米

甬钟。钟体呈直桶状，甬部较粗大并饰有环带纹，干部饰目云纹，篆间饰S形云纹，午部和鼓部饰云纹，鼓部右侧饰有鸟纹。钟枚分布在正间两侧，每组三行，每行三枚。钟体、内壁有调音槽。钲间铸有铭文"錫、戈彤尾，用鼓於公室、僕庸、臣妾、小子室家，母（毋）又（有）不頛（昏）智（知）"三行二十一字。

071 | 逆钟（4号） 西周晚期

通高55.2、甬高17.3、口横28.5、口纵21
厘米

甬钟。钟体呈直桶状，甬部较粗大并
饰有环带纹，干部饰目云纹，篆间饰S
形云纹，午部和鼓部饰云纹，鼓部右
侧饰有鸟纹。钟体有调音槽。钟枚分
布在正间两侧，每组三行，每行三枚。
钲间铸有铭文"敬（警）乃夙夜用尃（屏）
朕身，勿灋（废）朕命，毋坠乃政。
逆敢拜（拜）手頴（稽）"三行二十一字。

克钟　西周晚期

高51.1、口纵21.5、口横29.4厘米

克钟为甬钟，甬中空，鼓部宽大。舞及篆间饰窃曲纹，鼓部饰夔纹，钲部、左铣部皆铸有铭文。克钟全篇铭文七十九字，分刻两器上，每钟半篇，此件克钟铭文为"克不敢墜，専奠王令（命），克敢對揚天子休，用乍（作）朕皇且（祖）考白（伯）寶劃鍾，用匃屯（純）段（嘏）、永令（命），克其萬年子子孫孫永寶"，系下半篇。记载克接受周厉王的命令，到指定的地方巡查，克完成任务后得到周王赏赐，特铸此编钟，以追念逝去的先辈并祈福。

073 | 克镈 西周晚期

高63、口横35.3、口纵29.2厘米

清光绪十六年(1890年)陕西省扶风县法门寺任家村出土

克镈呈椭圆体、平口、四面有透雕夔纹凸棱装饰，体腔饰浮雕龙纹，有两道锥形乳钉带，鼓部有铭文"隹(唯)十又六年九月初吉庚寅，王才(在)周康刺(厲)宮。王乎(呼)士訇召克，王親令(命)克，遹涇東至於京自(師)。易(錫)克佃(田)車、馬乘。克不敢墜，尃(溥)奠王令(命)。克敢對揚天子休，用乍(作)朕皇且(祖)考白(伯)寶劦鐘、用匄屯(純)叚(嘏)、永令(命)。克其萬年子孫永寶"七十九字，叙说了克接受周王的赏赐及命令，沿泾水东到京师巡查，克圆满地完成了任务，又接受车辆和马匹的赏赐，因而作此器，以追念逝去的祖先，并祈求幸福。

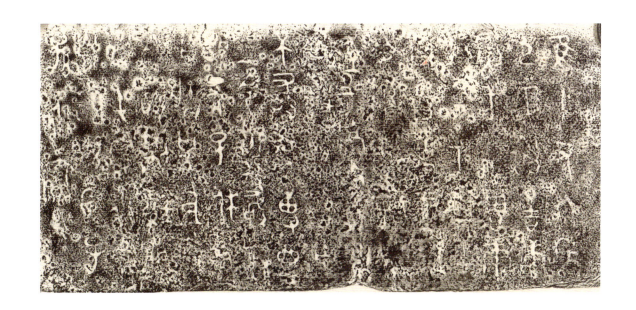

133

074 鳞纹鼎　春秋早期

高24.2、口径25厘米

圆腹，腹呈半球形，口沿两侧有对称二
直耳，三条高蹄足。双直立耳饰有重环
纹，口沿下饰一周重环纹，腹身饰鳞纹。

075 | 芮太子伯鼎　春秋早期
高30.1、口径35.8厘米

此鼎口部较宽，折沿，双耳附于口沿下
方，圜底、三兽蹄形足外撇。口沿下方
饰有变形动物纹，腹部饰有鳞纹。器
口内壁铸铭文"芮太子白（伯）乍（作）
鼎其萬年子孫永用"十三字。

076 郑子石鼎　春秋早期
高25.8、口径29.1厘米

侈口，圆腹，腹部圆鼓，略呈半球形，
下承三条蹄足。上腹部有对称的二立
耳。腹部以一周突棱分为两部分，口沿
下饰窃曲纹，下腹部饰鳞纹。器内壁
铸铭文"奠（郑）子石乍（作）鼎子子
孙孙永宝用"十二字。

077 | 兽面纹鬲　春秋早期
高18.7、口径17.6厘米

微敛口, 宽沿外折, 上腹微鼓, 联裆较高,
三蹄形足跟。腹部饰有鳞纹与兽面纹。

078 | 兽耳方座簋　春秋中晚期

高27、宽38厘米

侈口，方唇，束颈，圆鼓腹，斜圈足
外撇，下连方座。腹两侧有对称的二
龙耳，龙睁圆目，龙尾卷曲，生动形象。
腹部、方座均饰波带纹，颈部、圈足
均饰有重环纹。

079 | **夔龙纹钟　春秋早期**
高23.5、口纵9.6、口横15.2厘米

钮长，钟腔较阔。钲部饰有乳状枚，
枚上饰曲线纹，兽面纹布满器身，鼓
部饰龙纹。此钟形体较小，纹饰精细。

080 **蟠虺纹钟　春秋中晚期**
通高48.4、口横26厘米

甬钟，系编钟之一、器身布满突出的枚。
甬部、舞部及篆间饰有蟠虺纹，鼓部
饰兽面纹。纹饰细致繁缛，具有典型
的春秋时期甬钟的特征。

081 蟠虺纹钟　春秋中晚期
通高43、口横22.8厘米

甬钟、系编钟之一、器身布满突出的枚，
体型稍小。甬部、舞部及篆饰有蟠虺纹，
鼓部饰兽面纹，纹饰细致繁缛，具有
典型的春秋时期甬钟的特征。

082 蟠虺纹鼎　战国早期

高25.1、口径28厘米

侈口、颈部内收、有二附耳，圆浅腹、
腹底近平、三蹄足，蹄足上端皆有一
兽面。口沿下及腹部饰有蟠虺纹，并
由一周突棱纹将纹饰分隔成两部分。

083 寿春府鼎　战国晚期

高23.5、盖直径20.2厘米

圆腹，圜底，口沿两侧有二附耳，下承
直的长兽蹄足。有盖，盖面鼓起，上
有三只卧兽，正中有一环形钮。整体
素面。盖上刻有"寿春府鼎"四字铭文。
"寿春"即现在的安徽省寿县。此器为
战国晚期楚器。

084 楚王酓（熊）忎（悍）鼎 战国晚期

通高53、口径45.5、腹围148厘米

传1923年安徽寿县朱家集李三孤堆出土。

此鼎附耳，直腹，粗兽蹄形足，有盖，盖上有环钮和三个变形的鸟状钮。盖和耳满饰菱形纹和云纹组成的几何纹，腹部有一道凸弦纹，其上亦饰菱形纹和云纹组成的几何纹，足上部饰浮雕兽面。共刻有铭文六十字，器口铭文"楚王酓（熊）忎（悍），戰隻（獲）兵銅，正月吉日，室鑄鎬（喬）鼎，以共（供）歲棠（嘗）"，器腹铭文"冶師盤埜（野）差（佐）秦忎爲之"，器盖外缘铭文"楚王酓（熊）忎（悍），戰隻（獲）兵銅，正月吉日，室鑄鎬（喬）鼎之蓋，以共（供）歲棠（嘗）"，盖内侧铭文"冶師吏秦差（佐）苛□爲之。集脰"，腹外壁铭文"楚"。记载楚幽王酓（熊）忎（悍）（前237—前228年），为庆贺战事胜利用缴获的兵器铸成此鼎的经过并用于祭祀的史实。楚王鼎造型雄浑敦厚，气魄宏大，是出土战国晚期楚器中的重器，被誉为"南北楚器之冠"。

朱家集出土的楚铜器数量甚多，除此件楚王鼎外，天津博物馆还收藏了另外九件器物，包括羽翅纹簠、铸客簠、铸客豆、铸客勺、铸客匜等。

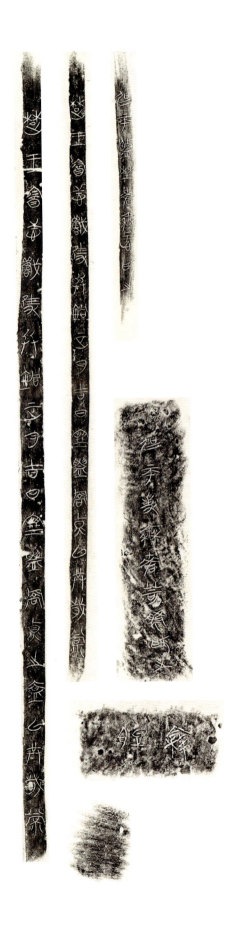

085 | 雷纹甗　战国早期

高45.3、口径33厘米

甑、鬲上下分体。甑侈口，颈部较直，颈部对称有二附耳，腹部内收幅度较大。上腹部饰有勾连雷纹。鬲敛口，圆腹，腹部最大径在中间，腹部圆鼓，突出明显，肩部对称二环耳，下承三条蹄形足。

086 **羽翅纹簋　战国晚期**

左高30.5、口径23.5厘米

右高30、口径24厘米

传1923年安徽寿县朱家集李三孤堆
出土

此两件簋同楚王鼎一同出土于安徽
寿县朱家集李三孤堆。盖顶饰有四
个变形的鸟形钮、子母口、底部稍平、

下承四足台座，器形有向豆转化的趋
势。器身遍布羽翅纹，具有典型的战
国晚期楚国青铜器特色。

087 铸客簠　战国晚期

通高26、口长31厘米

传1923年安徽寿县朱家集李三孤堆出土

此器、盖均为相同的长方形，合而为一，分而为二，平口上腹直壁，下为折腹壁，平底，曲尺形方足。器体通饰摹印菱形纹和云纹组成的几何形纹，口沿部有铭文"鑄客爲王后六室爲之"九字，"铸客"二字应是聘募而来的冶铸工匠。"六室"相当于古代宫室之意。

088 | 蟠虺纹簠　战国晚期
通高19.5、口径长29.3、宽21.4厘米

器为长方形，器和盖形状相同，大小一样，上下对称，合起来成为一体，并有兽首形卡扣相接，分开则为两个器皿。直口折壁，壁直而底较平坦，腹较深，腹侧有一对小兽首耳，矩形圈足。器身满饰蟠虺纹。

089 | 铸客豆　战国晚期

高31.3、口径13.9、底径9.7厘米

传1923年安徽寿县朱家集李三孤堆
出土

豆是专备盛放腌菜、肉酱等的器皿。
器呈直口、深腹、圆底，豆盘呈大半
个球体，柄细高，柄下端略收束，饼
形足较厚重，通体素面，豆腹外壁有

铭文"铸客爲王后六室爲之"九字。
豆也是礼器中的一种，常与鼎等组合使
用，此豆造型修长雅致，具有楚文化
特有的风格。

090 几何纹豆　战国早期

口径17.4、高18.9、器高12.7、盖高7.9厘米

盖与豆盘扣合呈扁球形，盖上有类似喇叭形的圆形捉手，可倒置以盛物。豆盘两侧置环形耳，下承短柄圈足。捉手内一周三角云纹。口沿处与盘身饰有三角云纹与菱形几何纹，圈足上饰有蟠螭纹。

091 | **蟠虺纹豆　战国早期**
高14.4、口径14.7厘米

上层为盖，盖上有钮，三环形系；子母口，
下层口沿处对称有二环形耳，足外撇，
呈喇叭形。通体饰有蟠虺纹，盖面饰
有回纹，腹部饰有一周凸出的绳纹。

092 几何纹壶　战国晚期

高31.4、口径9.7厘米

侈口，颈微束，圆腹，最大直径处在
上腹部，圈足略高，整体线条流畅。
两肩对称有兽面衔环耳。颈部饰三角
云纹一周，腹部、圈足均饰有几何云纹。

093 | 几何纹壶　战国晚期
高31厘米

侈口、颈部内敛、圆腹，肩部为最大直径处，其下逐渐内收，高圈足、外敞，整体线条流畅，两肩有对称的兽面衔环耳。颈部饰几何三角纹一周。腹部、圈足均饰有蕉叶纹、几何三角云纹。

094 蟠虺纹瓿　战国早期

高16.8、口径16厘米

敞口，口沿外折，颈部较直，圆腹，腹
部突出明显，平底。器身饰有绳络纹，
方格内饰蟠虺纹。

095 铸客勺　战国晚期

高22.1、口长13.9厘米

传1923年安徽寿县朱家集李三孤堆出土

立式直柄，柄为圆柱形、中空，柄内可装木把。勺腹较浅，两侧有较宽的出肩，微上翘，口沿较平，口部形如现代的铲形，通体素面，直柄外壁上有铭文"冶盘坓（野）秦忎爲之"七字，其字为物勒工名之意。此勺造型独特别致，而且勺形很大，与同时出土的楚器风格一致。

096 铸客匜 战国晚期

高11、口径21.6、底径13.4厘米

传1923年安徽寿县朱家集李三孤堆
出土

匜是注水盥手之器，和盘组合使用。此匜口沿较平直，方管流狭长、与流对应一侧有一圈钮，平底。腹较深，形似瓢状。腹外壁有铭文"铸客爲御室爲之"七字。

责任编辑　王　伟

责任印制　梁秋卉

装帧设计　李　红

设计制作　雅昌设计中心·北京

图书在版编目（CIP）数据

天津博物馆藏青铜器 ／ 天津博物馆编 . －－ 北京：文物出版社，2018.5

（天津博物馆精品系列图集）

ISBN 978-7-5010-5574-6

Ⅰ．①天… Ⅱ．①天… Ⅲ．①青铜器（考古）－中国－图集Ⅳ．① K876.412

中国版本图书馆CIP数据核字 (2018) 第081062号

天津博物馆藏青铜器

编　　者　天津博物馆

出版发行　文物出版社

社　　址　北京东直门内北小街 2 号楼

邮　　编　100007

网　　址　http://www.wenwu.com

邮　　箱　web@wenwu.com

经　　销　新华书店

制版印刷　北京雅昌艺术印刷有限公司

开　　本　889×1194 毫米　　1/16

印　　张　10.125

版　　次　2018 年 5 月第 1 版

印　　次　2018 年 5 月第 1 次印刷

书　　号　978-7-5010-5574-6

定　　价　338.00 元